*i*N*certo* **equilibrio**

Stefano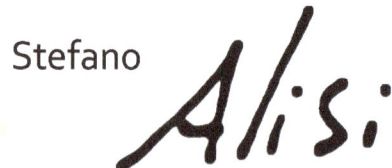

Studio Lab 138
Castel Gandolfo (Rm)
21 ottobre - 11 novembre 2018

Organizzazione e cura:

Studio Lab 138
Laura Giovanna Bevione

Testi :

Stefano Alisi
Laura Giovanna Bevione

Citazioni:

Italo Calvino
Paul Klee
Pier Paolo Pasolini
Wistawa Szymborska

Grafica e foto opere di
Laura Giovanna Bevione

Foto a pag. 41 di
Greta Alisi

In copertina
Processi naturali
2018 - olio su tela, cm 40x30

Con il patrocinio di:

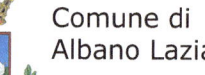

Comune di
Castel Gandolfo

Comune di
Albano Laziale

Si ringraziano per la collaborazione:

Mara Bevione
Graziella Lupieri
Valeria Stagni
Alessandro Toppi
Leonardo Toppi
Roberto Toppi

Stefano *Alisi*

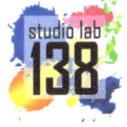

Io sono una forza del passato
Ritrovare la propria identità attraverso il paesaggio italiano

> *"Io sono una forza del Passato.*
> *Solo nella Tradizione è il mio amore.*
> *Vengo dai ruderi, dalle chiese,*
> *dalle pale d'altare, dai borghi*
> *dimenticati sugli Appennini....."*
>
> Pier Paolo Pasolini

Questi versi intensi di Pasolini confermano come il paesaggio non sia soltanto ambiente geografico e naturale, ma anche e soprattutto ambiente storico e umano: un territorio composito e stratificato nel tempo, che è insieme universo linguistico, identità dei luoghi e patrimonio d'immagini artistiche che questi ambienti elaborano e trasmettono.

Abituati ormai a vivere esclusivamente nel presente, il passato appare come relegato nelle biblioteche e negli archivi, ma a volte basta poco, se abbiamo la capacità di aprire i nostri cuori e le nostre menti, per ripescare in uno scorcio, su un muro sbeccato, su una modanatura di un vecchio palazzo, l'alfabeto delle nostre identità.

E' quello che provo a fare nelle mie opere: un paesaggio di piccoli borghi, ma dalla storia importante, borghi ripercorsi nel girovagare tra Lazio, Umbria, Marche e Abruzzo, oppure esperienze architettoniche novecentesche da cercare nelle zone bonificate del Pontino, nel Foggiano, piccole città di fondazione, autentiche apparizioni fantasmatiche.

I miei piccoli paesaggi, immersi in un'atmosfera sognante, favolistica, sono sempre dentro a un contesto naturale, di campi coltivati, di alberi, di animali domestici o abituati alla presenza dell'uomo, mentre si susseguono il giorno e la notte e scorrono le stagioni. Il tentativo è quello di ricreare un paesaggio naturale e storico, in cui la "communitas" trovi un equilibrio delicato e precario e l'artista l'alfabeto della sua identità.

Stefano Alisi

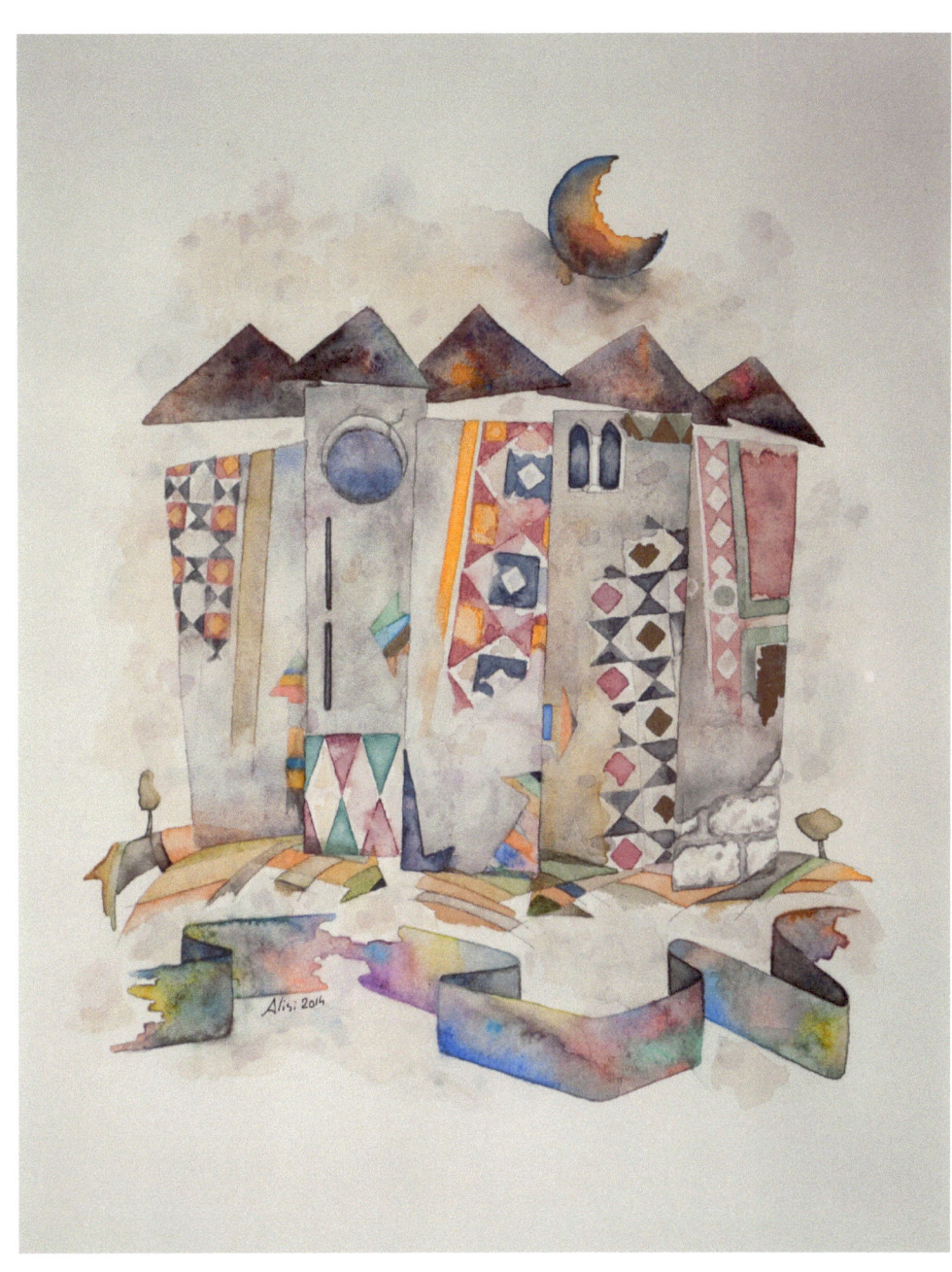

Communitas

2014
acquarello
cm 34,5x43,5

Un tempo sapevamo il mondo a menadito:
-era così piccolo da stare fra due mani,
così facile che per descriverlo bastava un sorriso,
semplice come l'eco di antiche verità nella preghiera.

La storia non accoglieva con squilli di fanfara:
ha gettato negli occhi sabbia sporca.
Davanti a noi strade lontane e cieche,
pozzi avvelenati, pane amaro.

Il nostro bottino di guerra è la conoscenza del mondo:
- è così grande da stare fra due mani,
così difficile che per descriverlo basta un sorriso,
strano come l'eco di antiche verità nella preghiera.

Wistawa Szymborska
1945

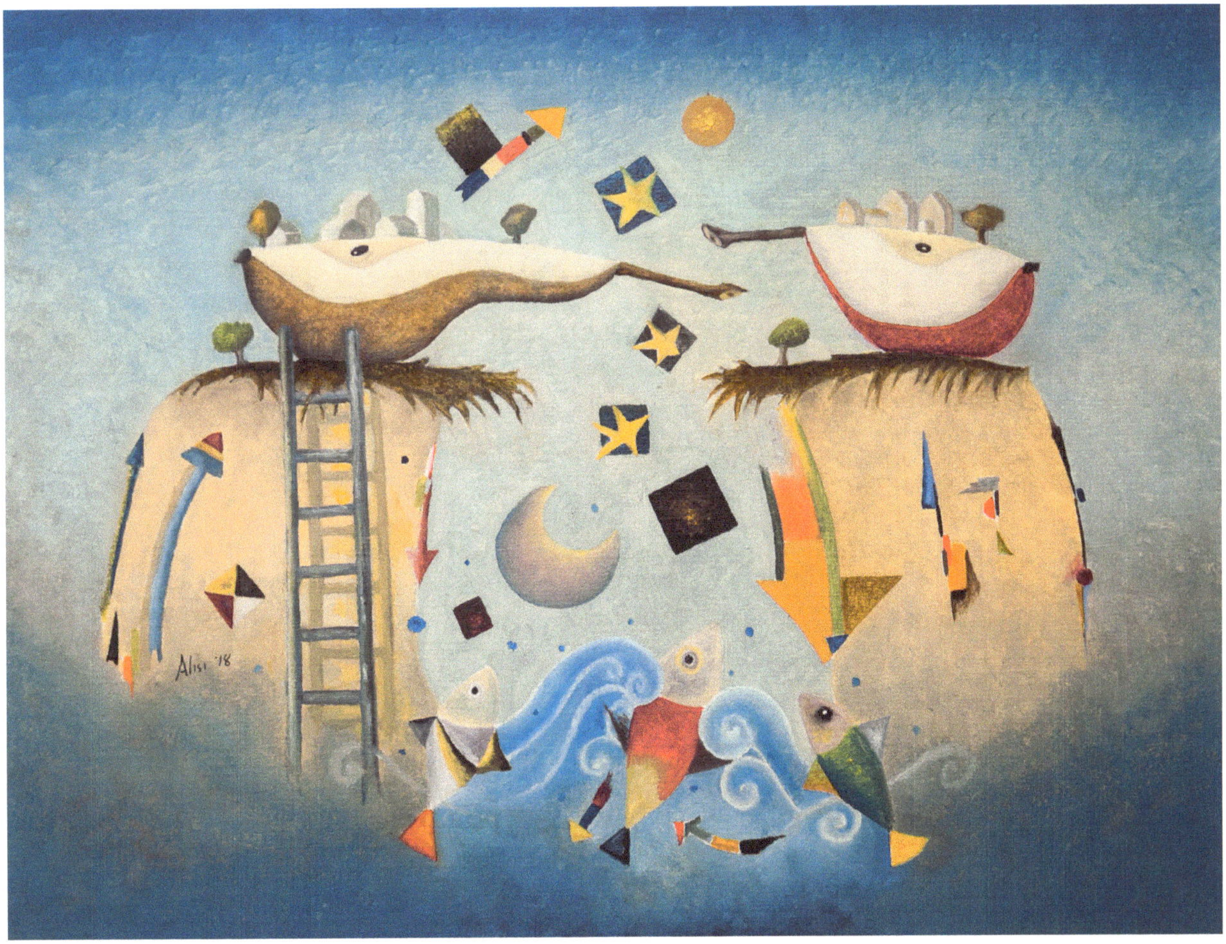

I paesi del vattelapesca

2018. Olio su carta, cm 40x30

iNcerto **equilibrio**

Figlio d'arte, **Stefano Alisi**, fin da bambino è stato educato a inquadrare la realtà. In cerca della propria identità ha attinto alla memoria culturale, artefice di quello che una volta era il Bel Paese:

> *un paesaggio di piccoli borghi, ma dalla storia importante [...]*
> *piccole città di fondazione, autentiche apparizioni fantasmatiche.*[1]

Un po' surrealista e un po' illustratore, girovagando per l'Italia centrale e riflettendo sul rapporto tra l'uomo e le "cose", ha raccolto ritagli di borghi e atmosfere in *Preziosi codici miniati*[2].
I suoi lavori condensano personaggi e situazioni nello stesso spazio narrativo raccontando una storia diversa ad ognuno dei suoi lettori.
Non fotografie ma impressioni, *sintesi problematica ma ironica*, di una cultura che va sparendo.

Viaggiando molto per lavoro, Stefano Alisi, dal finestrino della sua macchina, inquadra ogni giorno l'***iNcerto equilibrio*** in cui vive il nostro Paese.

Scrive Salvatore Settis:

> *Vedremo boschi, prati e campagne arretrare ogni giorno davanti*
> *all'invasione di mesti condomini, vedremo [...] Villaggi che per*
> *secoli avevano saputo crescere conservando l'impronta di una*
> *cultura dell'abitare tanto più nobile quanto più povera [...]*
> *assediati da nuovi e anonimi quartieri, che cancellano dall'orizzonte*
> *campanili, torri, mura alberi secolari.*[3]

Alla approfondita e razionale riflessione di Settis, Stefano Alisi risponde con la poesia, impugnando i pennelli si ribella al **Dissesto psico geologico**, sollecitando la **Communitas** a
preservare **La favola del Borgo**, a riprendersi **Il tempo di un caffè e una sigaretta**, per godere la tranquillità di una **Pieve di campagna**.

Laura Giovanna Bevione
Studio Lab 138

---
1   F. Ranelletti, Stefano Alisi, Il Punto, Annuario Artisti contemporanei, 2009 Albano Laziale (Rm)
2   Ibidem
3   S. Settis, Paesaggio costituzione cemento, Einaudi, Torino 2010, pp. 3

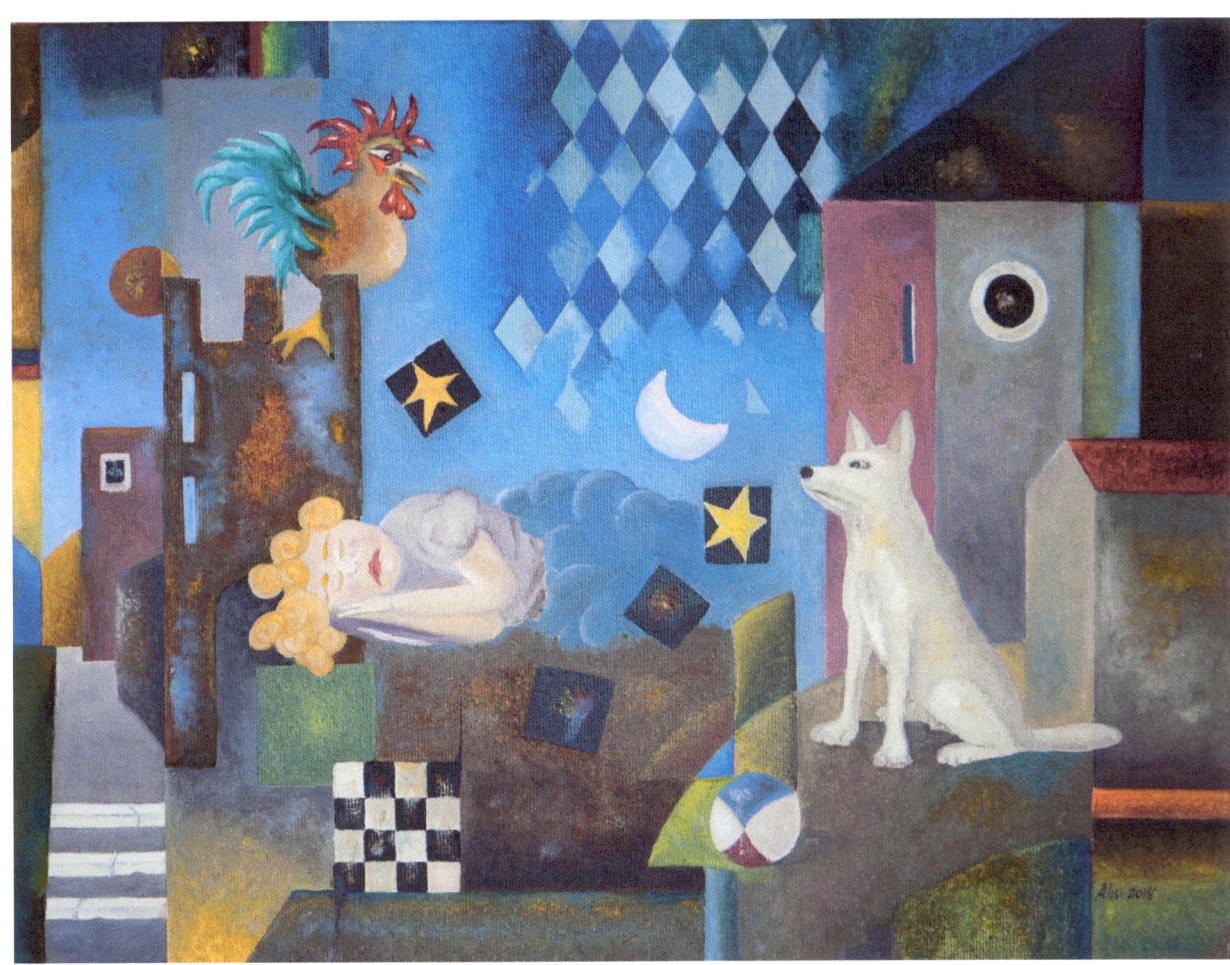

Processi naturali

2018 - olio su tela, cm 40x30

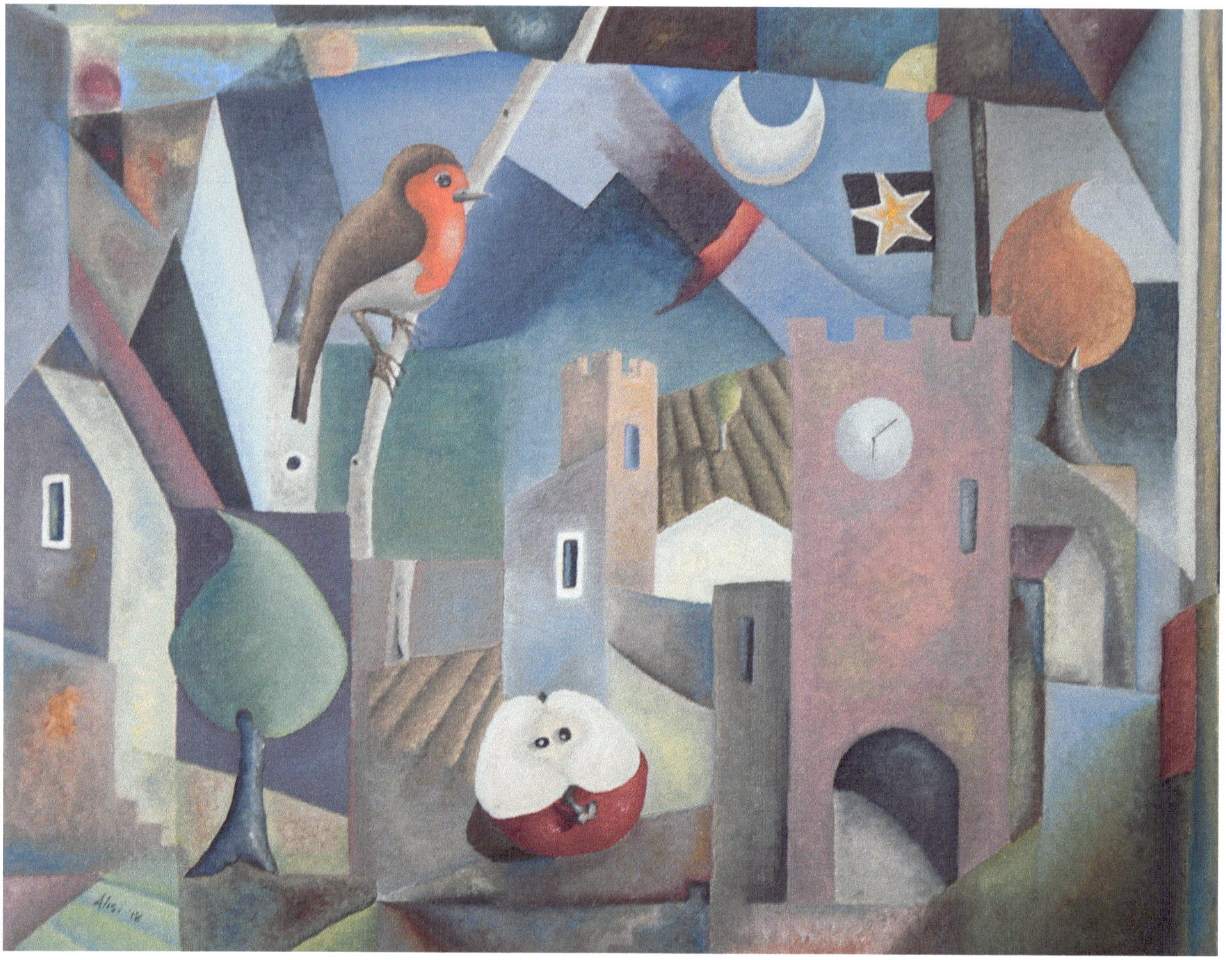

La favola del borgo

2018 - olio su carta, cm 40x30

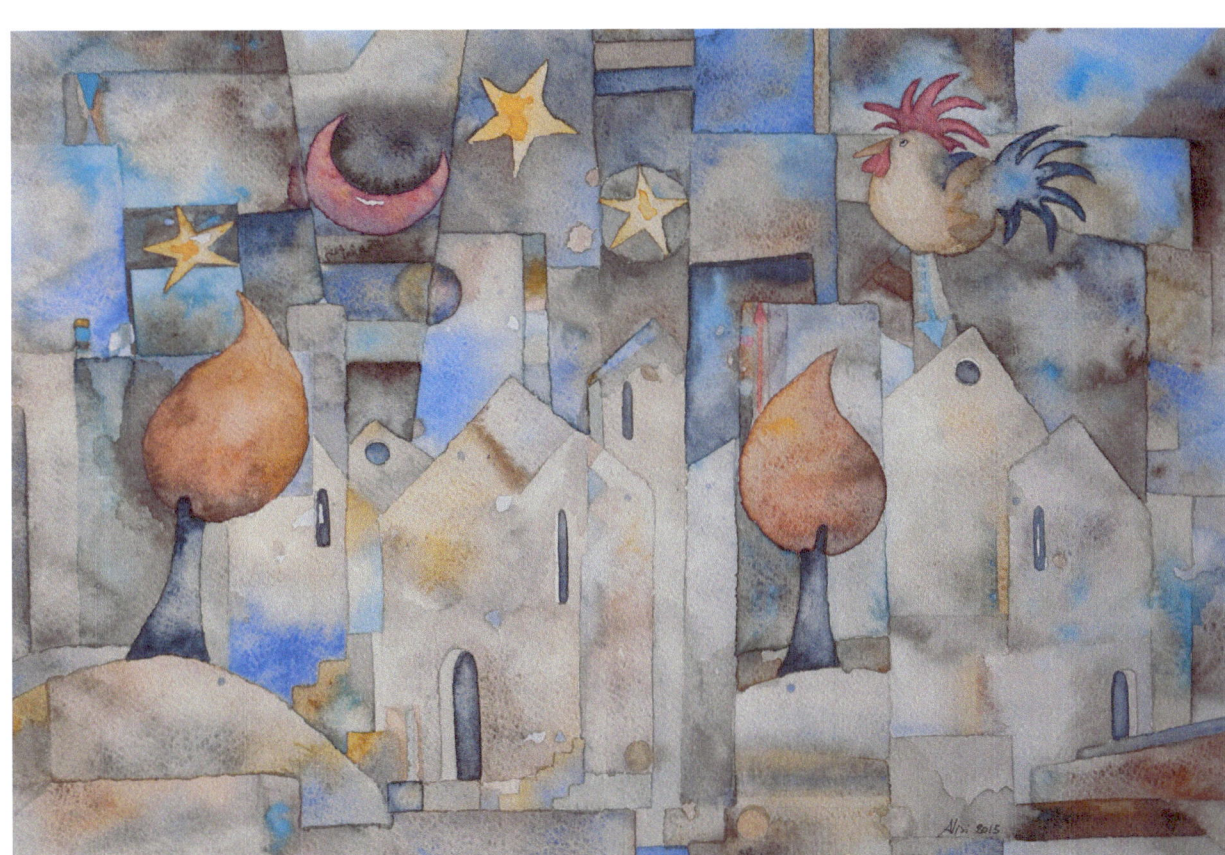

Il risveglio del borgo

2015 - acquarello cm 45x30

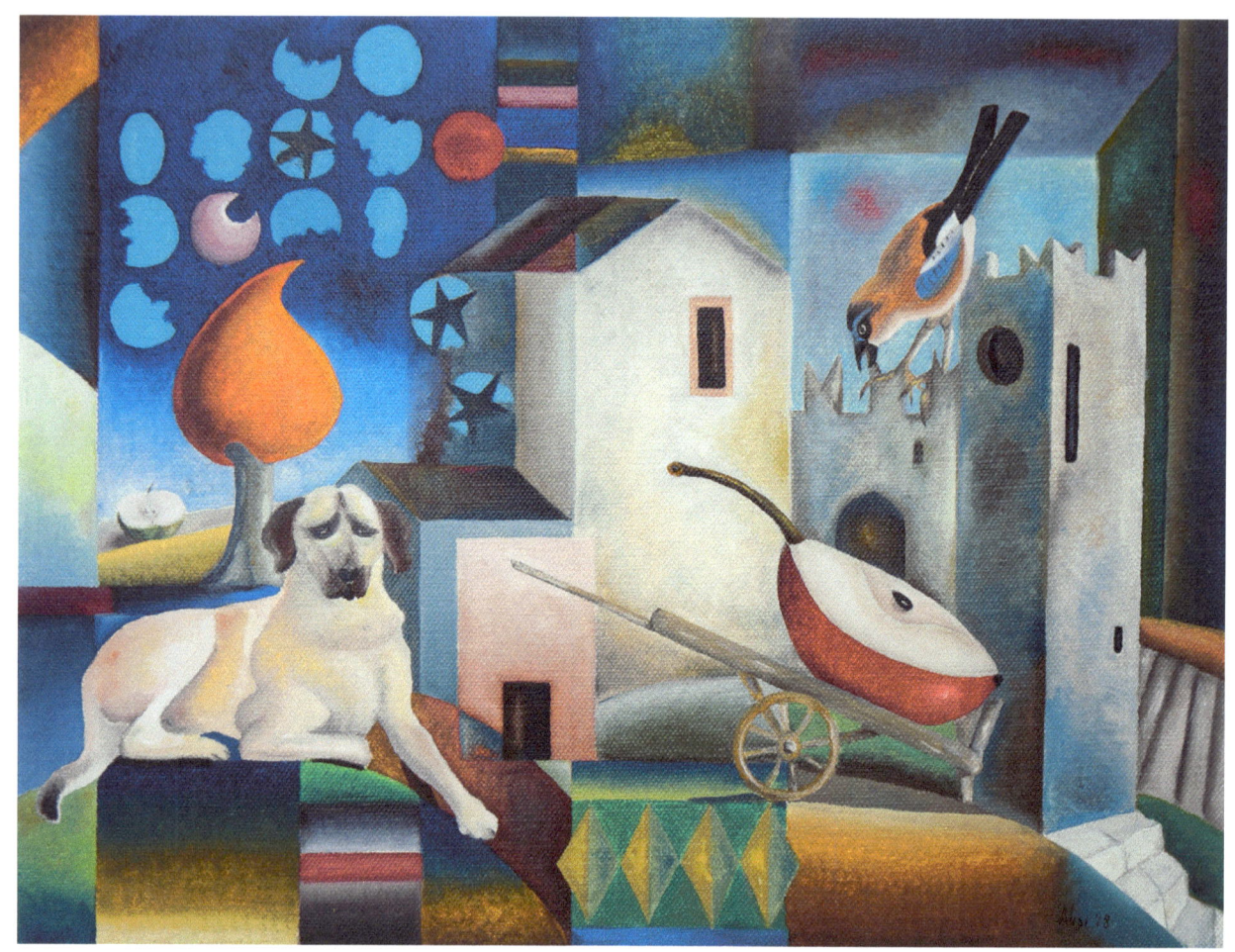

La tentazione della ghiandaia

2018 - olio su tela cm 40x30

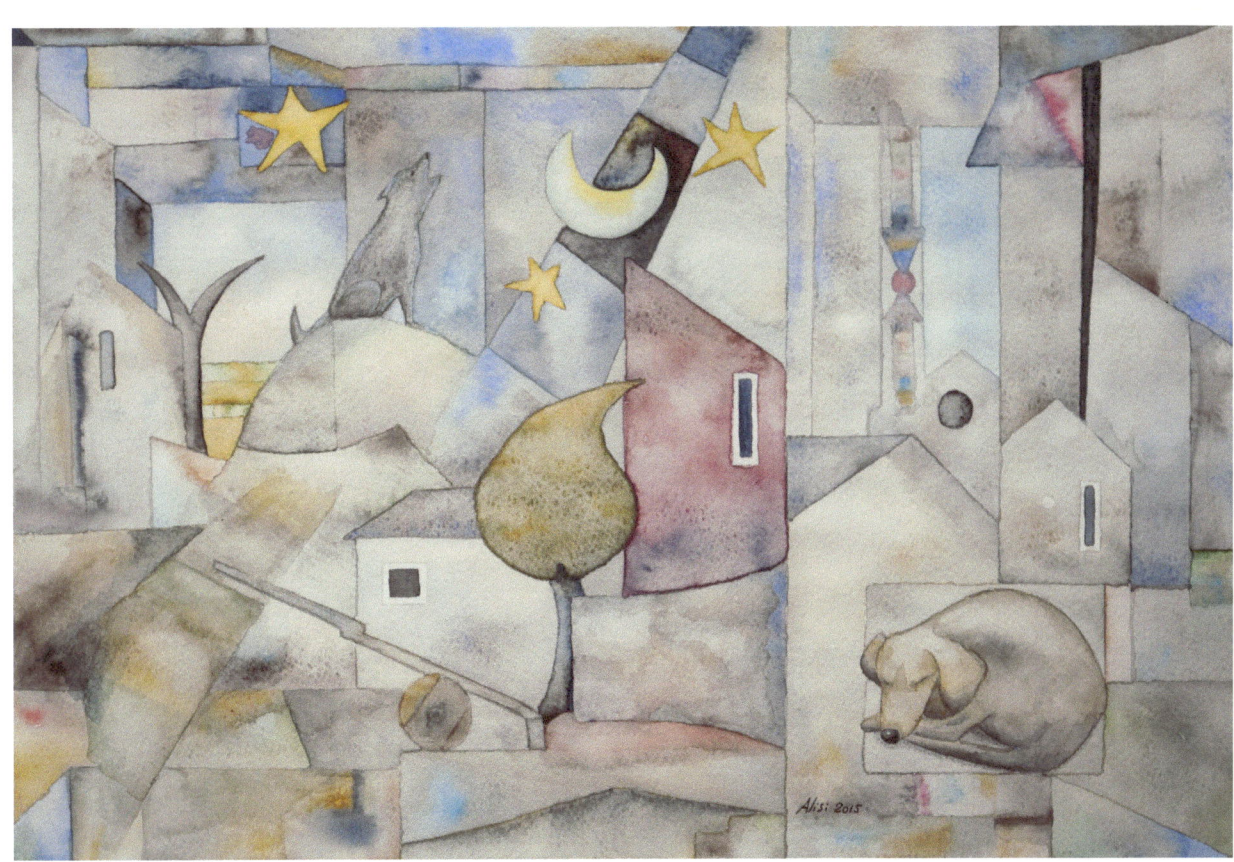

Sonno difficile

2015 - acquarello, cm 45x30

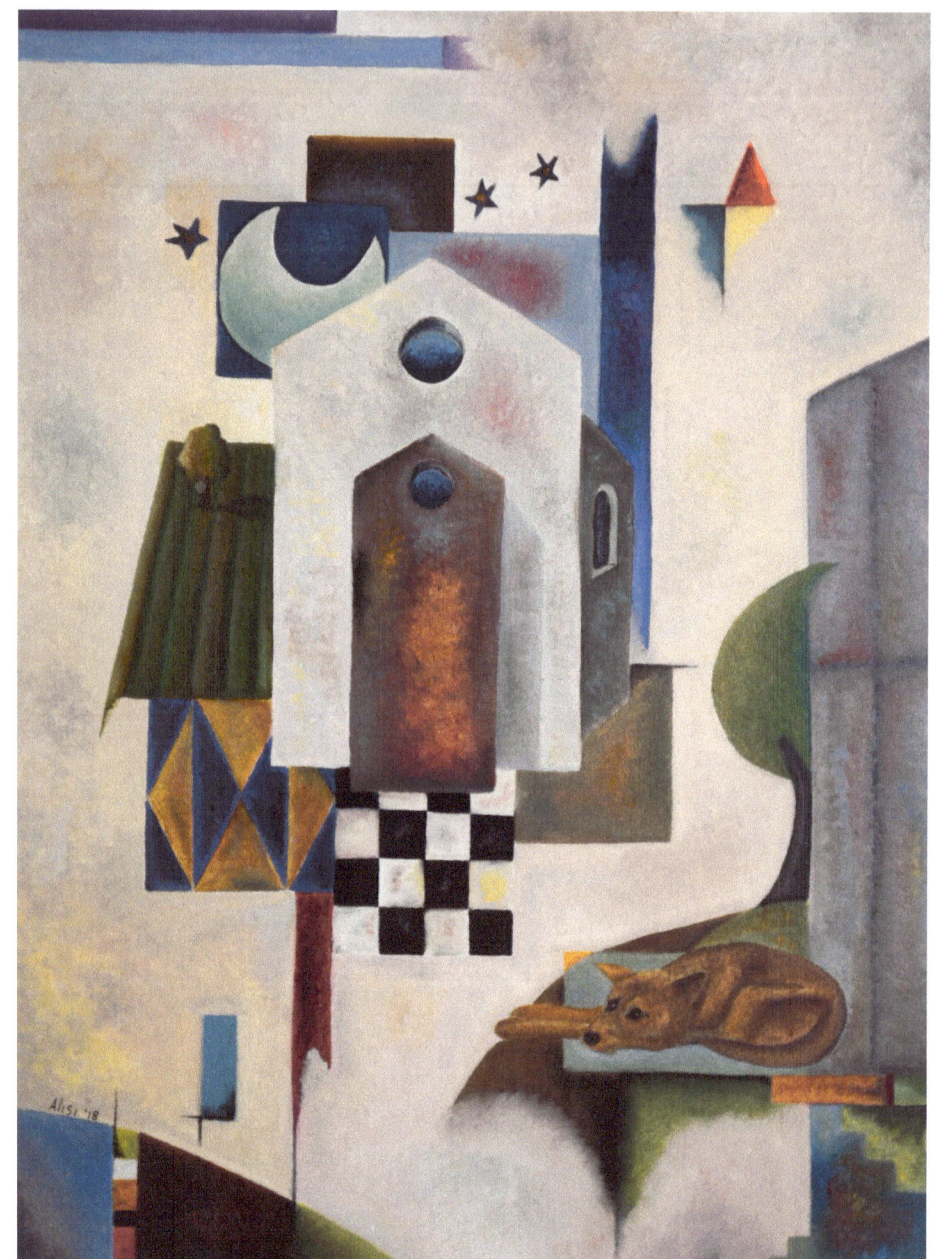

Pieve di campagna

2018
olio su carta
cm 30x40

... dopo aver esplorato varie strade e compiuto esperimenti diversi, è venuta l'ora che ne cerchi una definizione complessiva per il mio lavoro; proporrei questa:
la mia operazione è stata il più delle volte una sottrazione di peso...

Italo Calvino

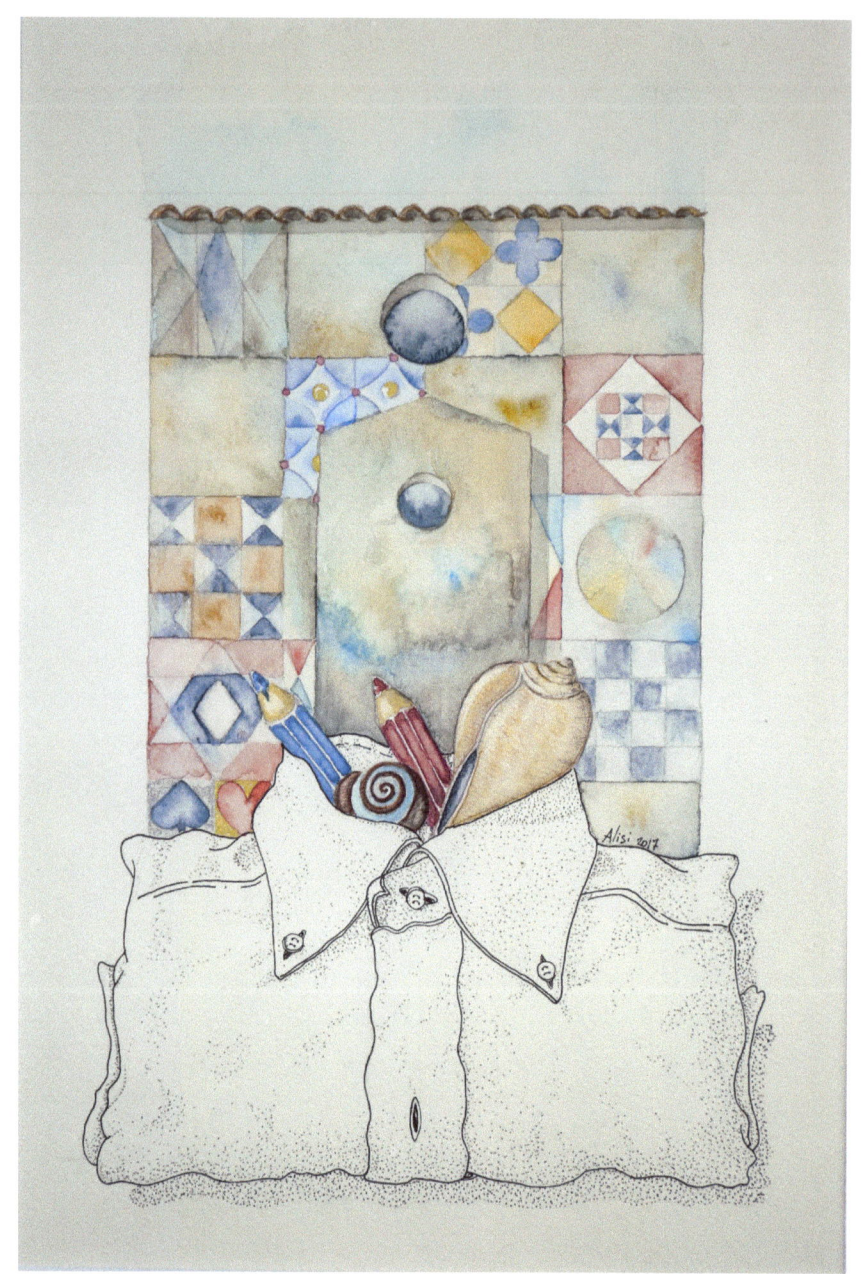

La visita al Tempio

2017
acquarello, china
cm 30x45

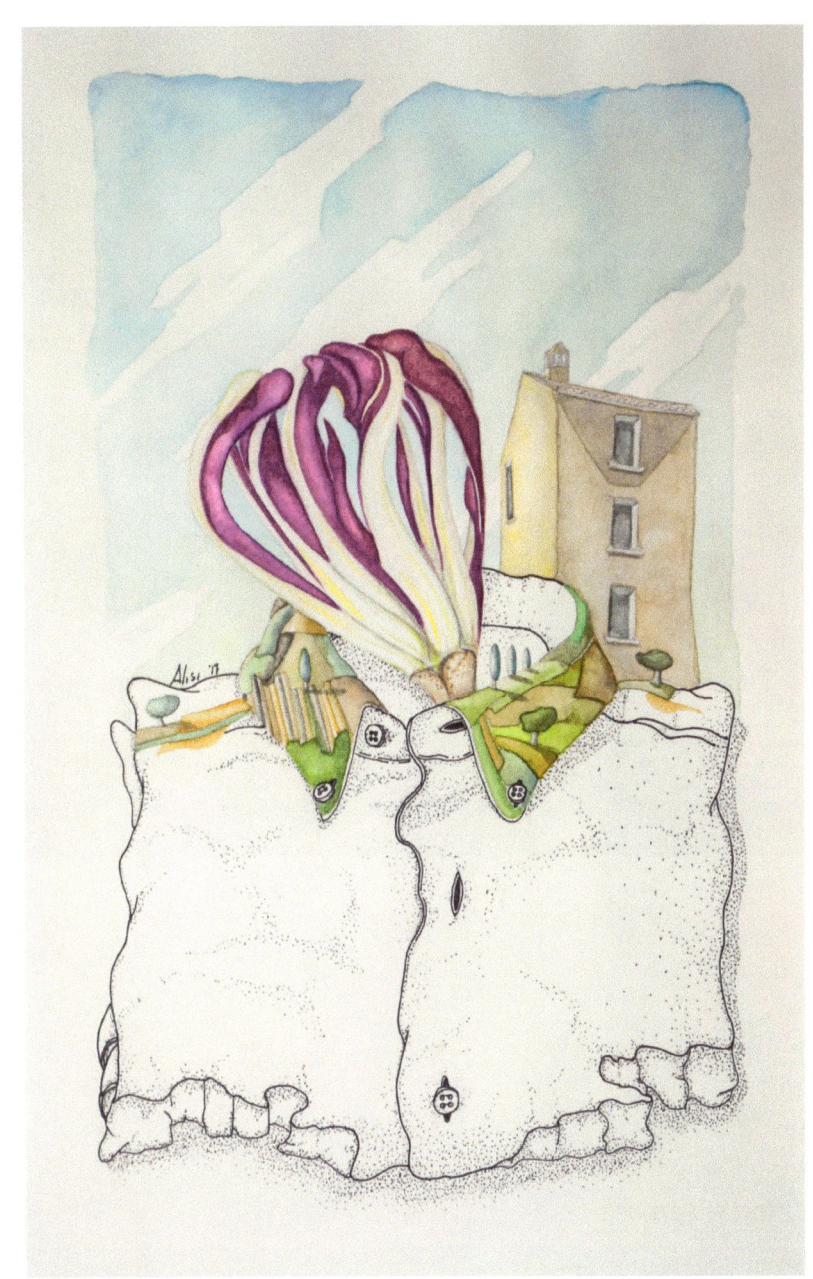

Dissesto psicogeologico

2017
acquarello, china
cm 30x45

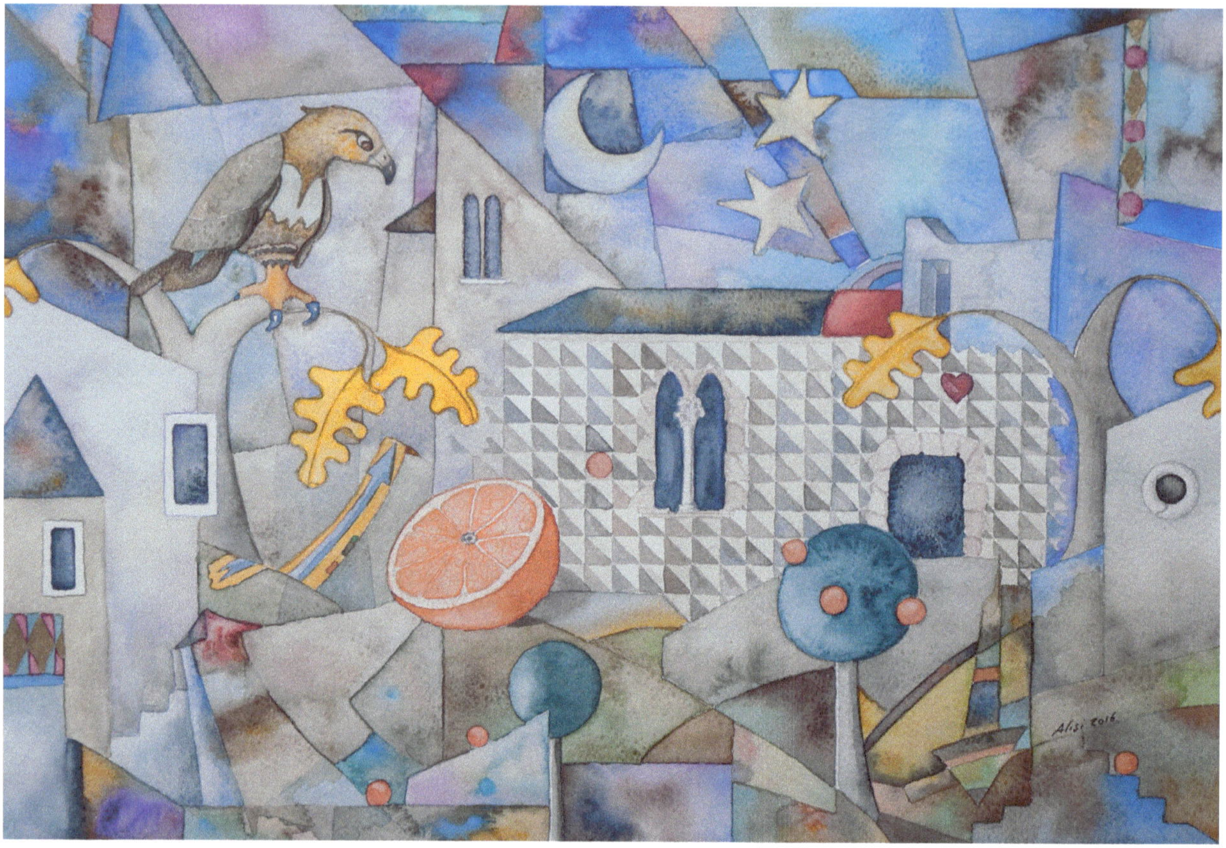

Offerta d'amore

2016, acquarello, cm 45x30

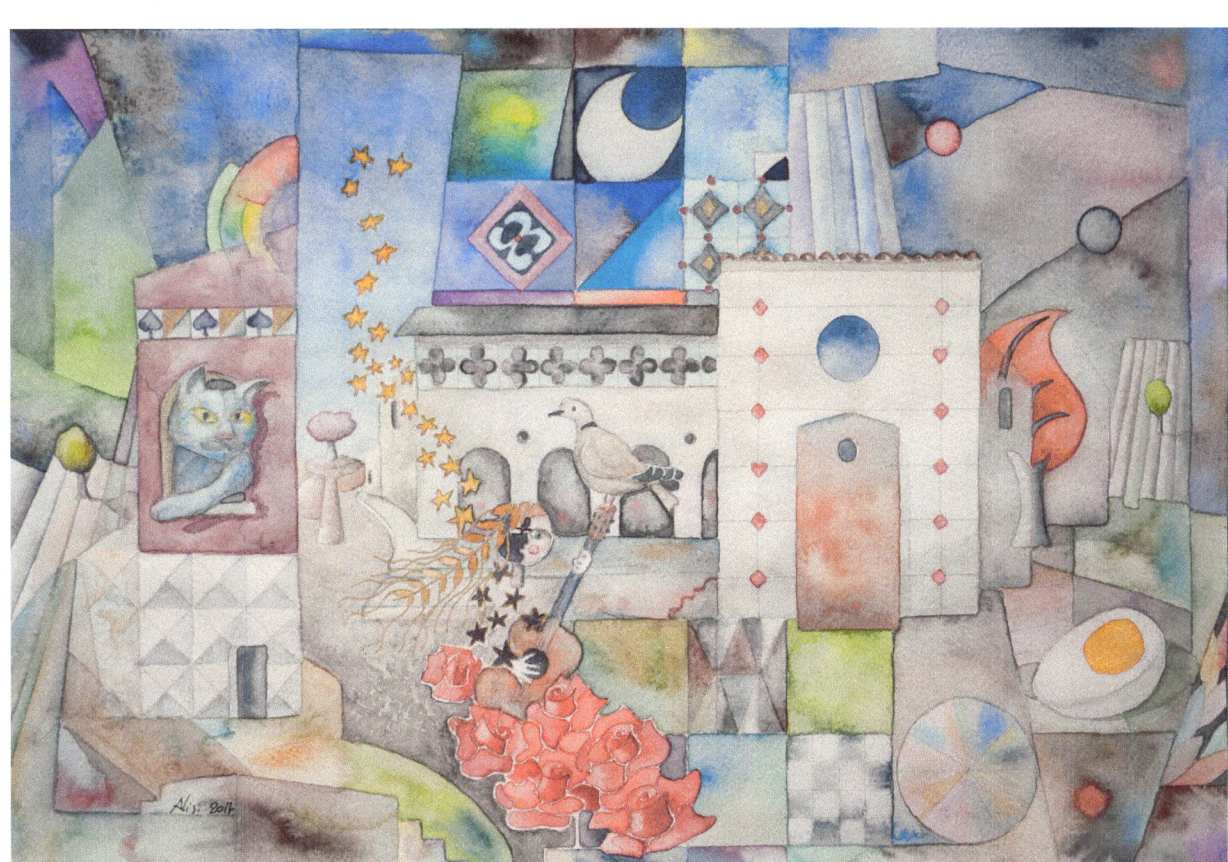

Piazza dei miracoli

2017, acquarello, cm 45x30

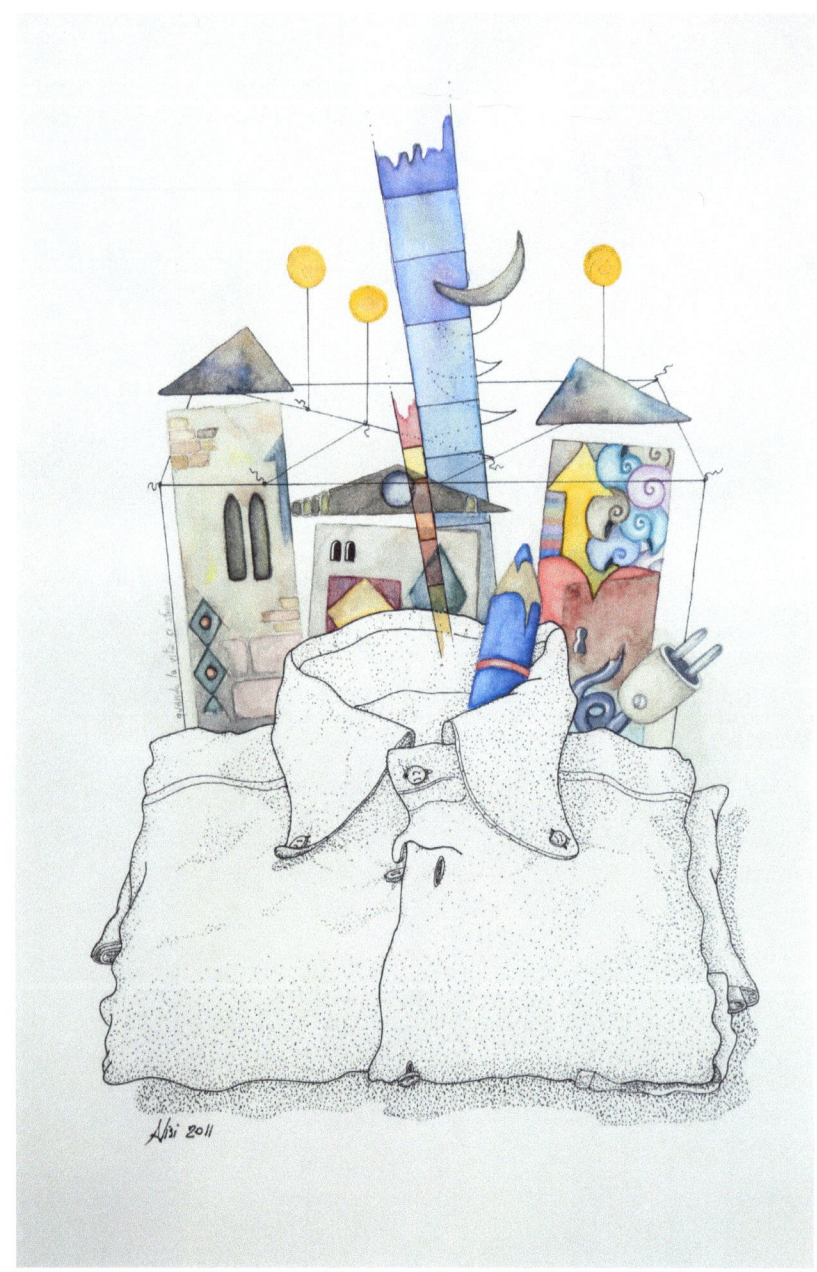

Quando la vita ci sfiora

2011
acquarello e china
cm 30x45

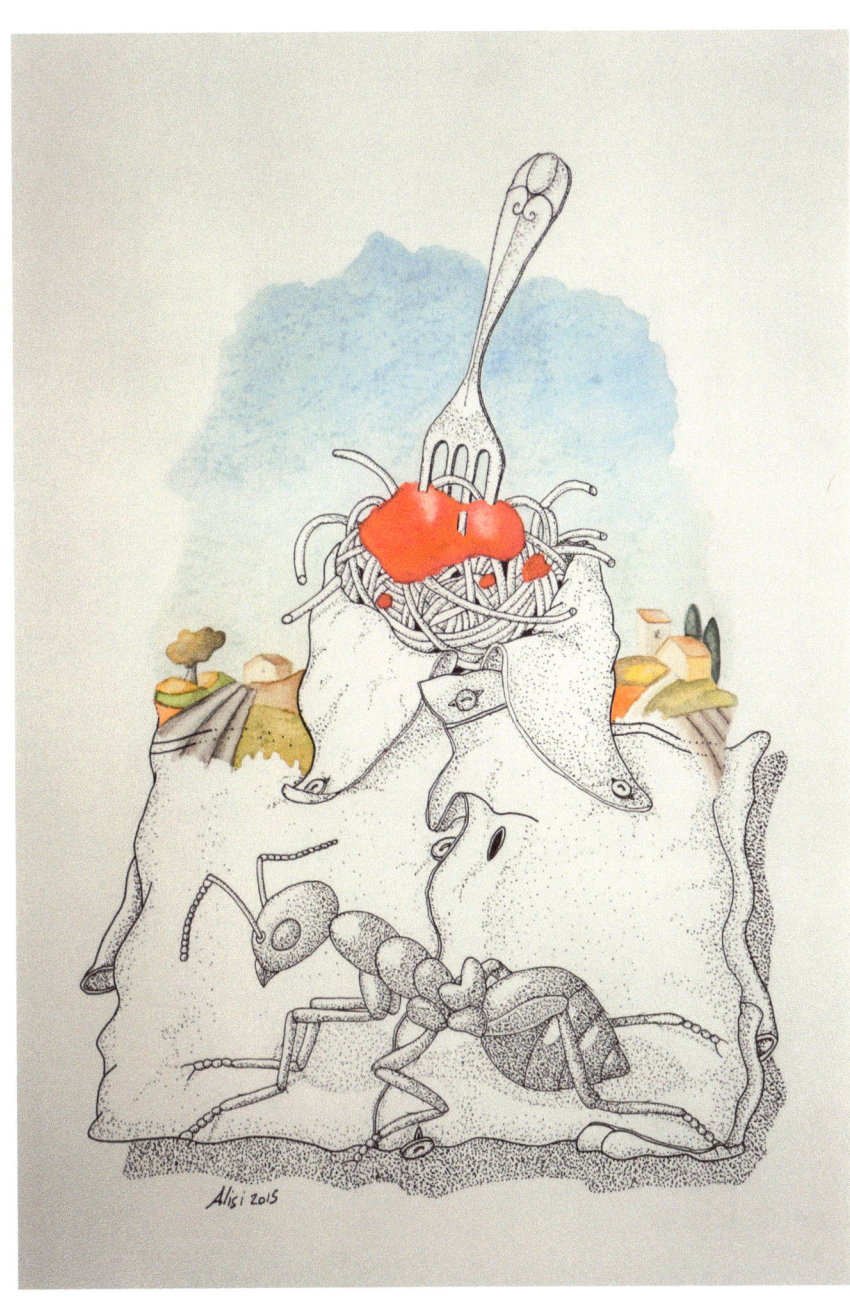

Italico immobilismo

2015
acquarello, china
cm 30x45

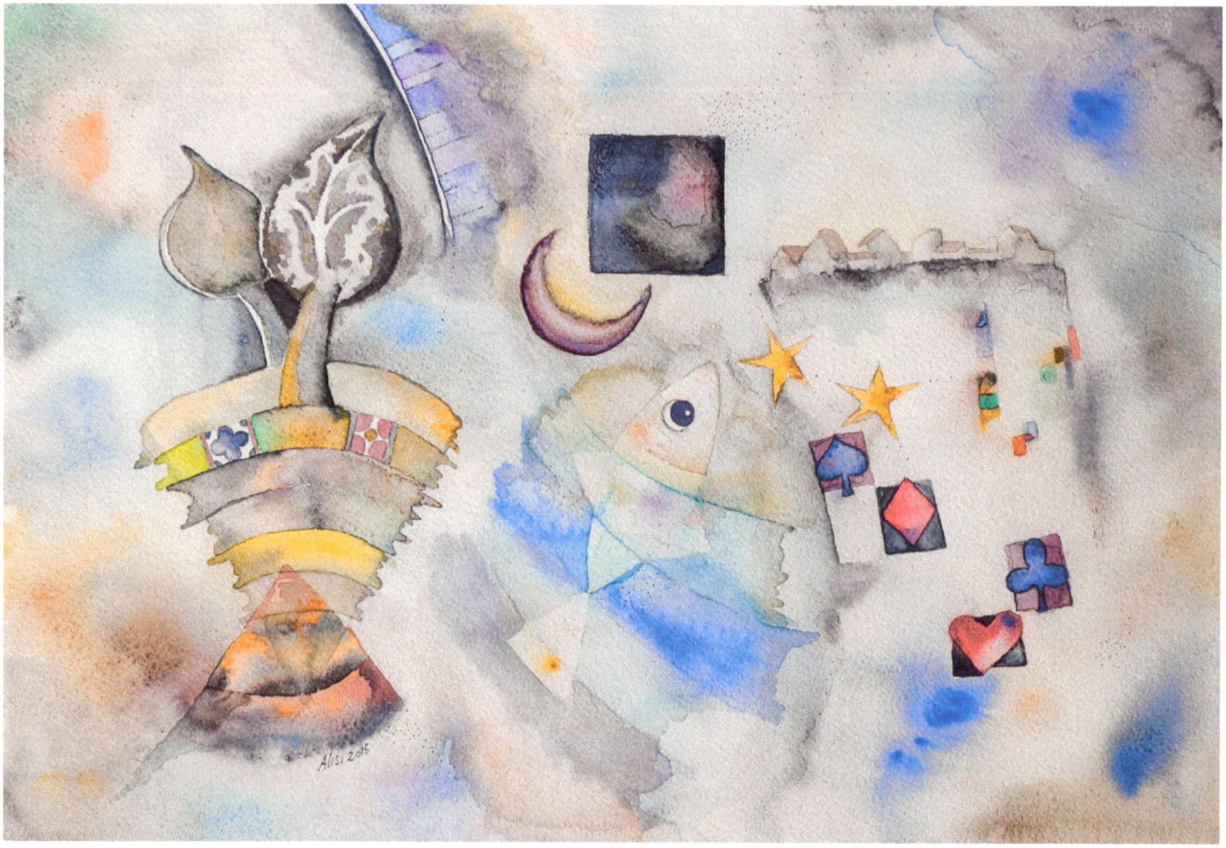

Il pesce indeciso

2015 - acquarello, cm 45x30

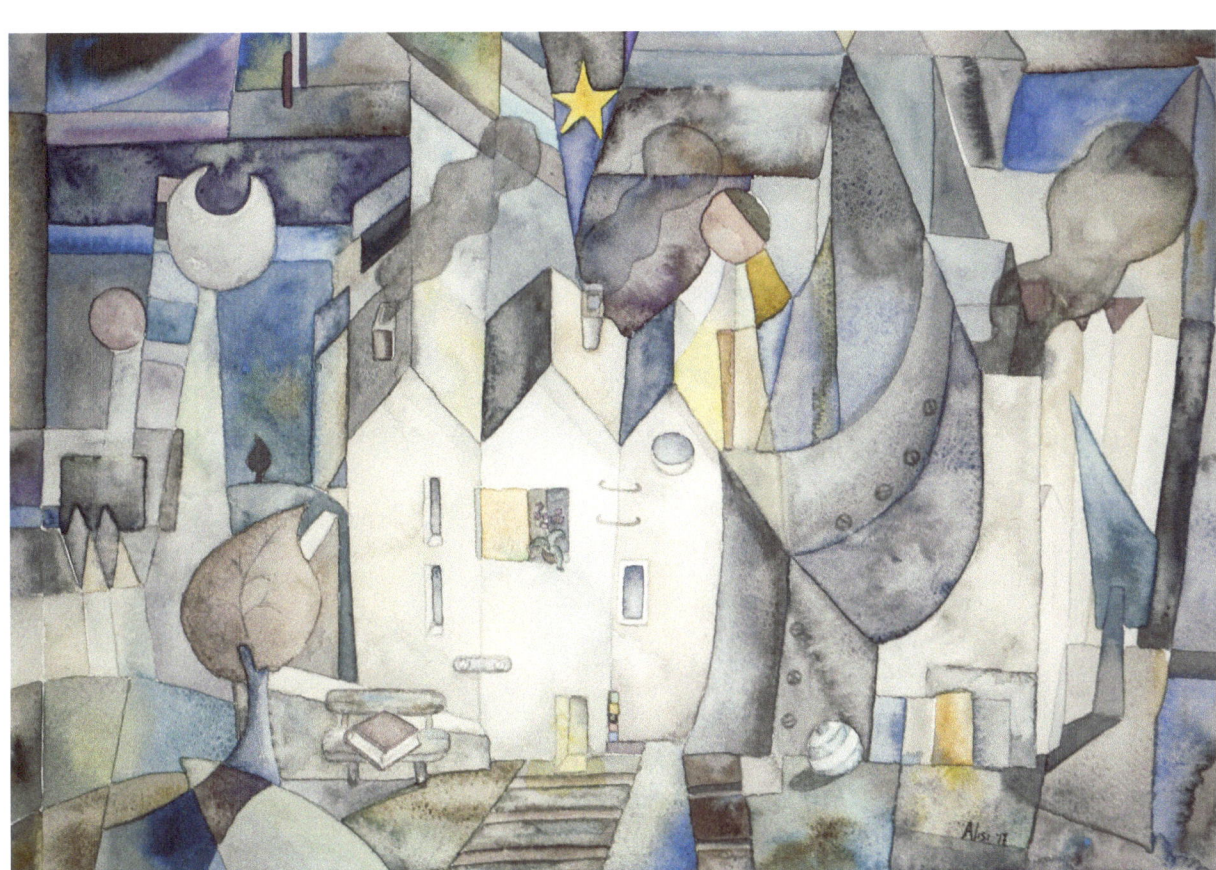

Notturno periferico

2017 - acquarello, china, cm 45x30

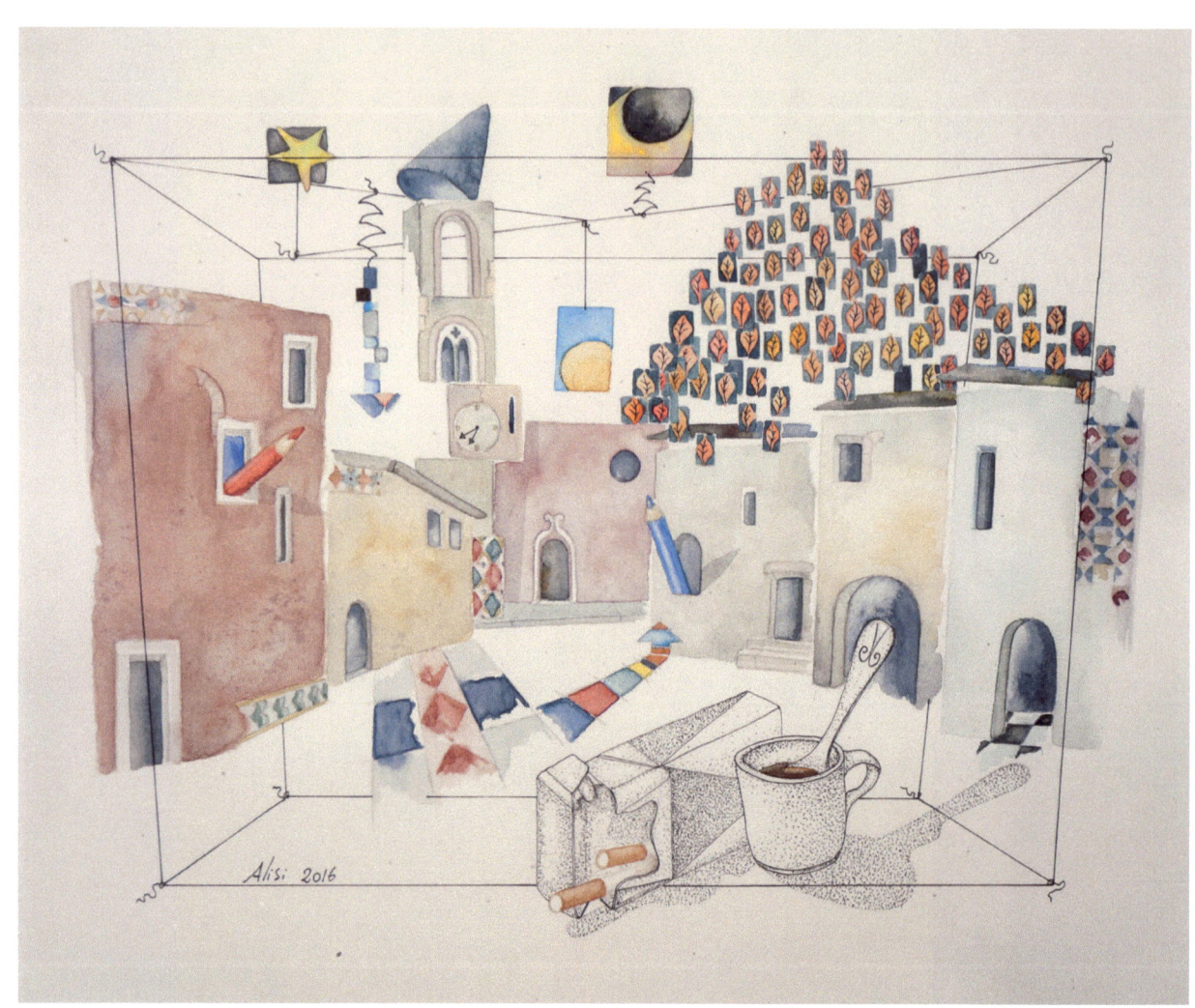

Il tempo di un caffè e una sigaretta

2016 - acquarello, china, cm 44x36

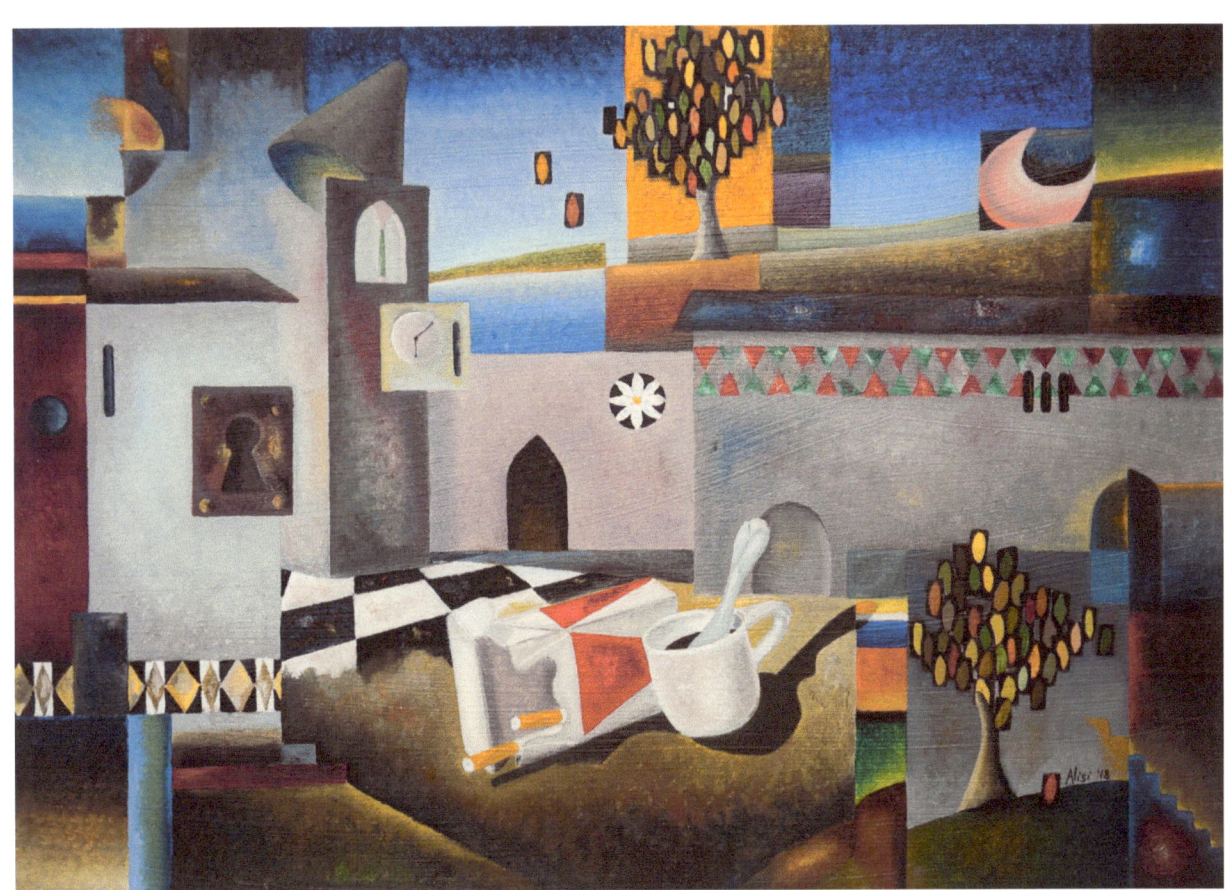

Il tempo di un caffè e una sigaretta

2018 - olio su tela, cm 50x36

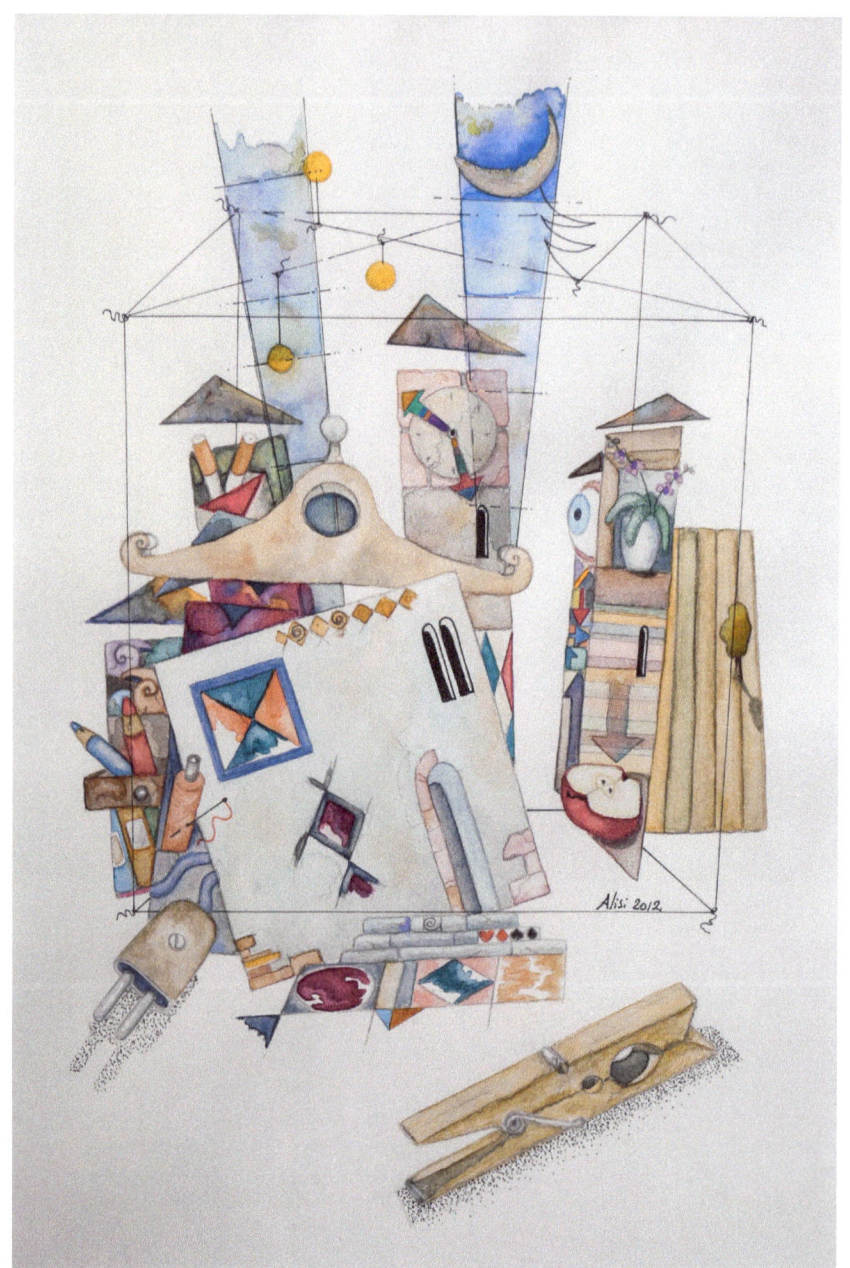

Serata nel borgo

2012
acquarello e china
cm30x45

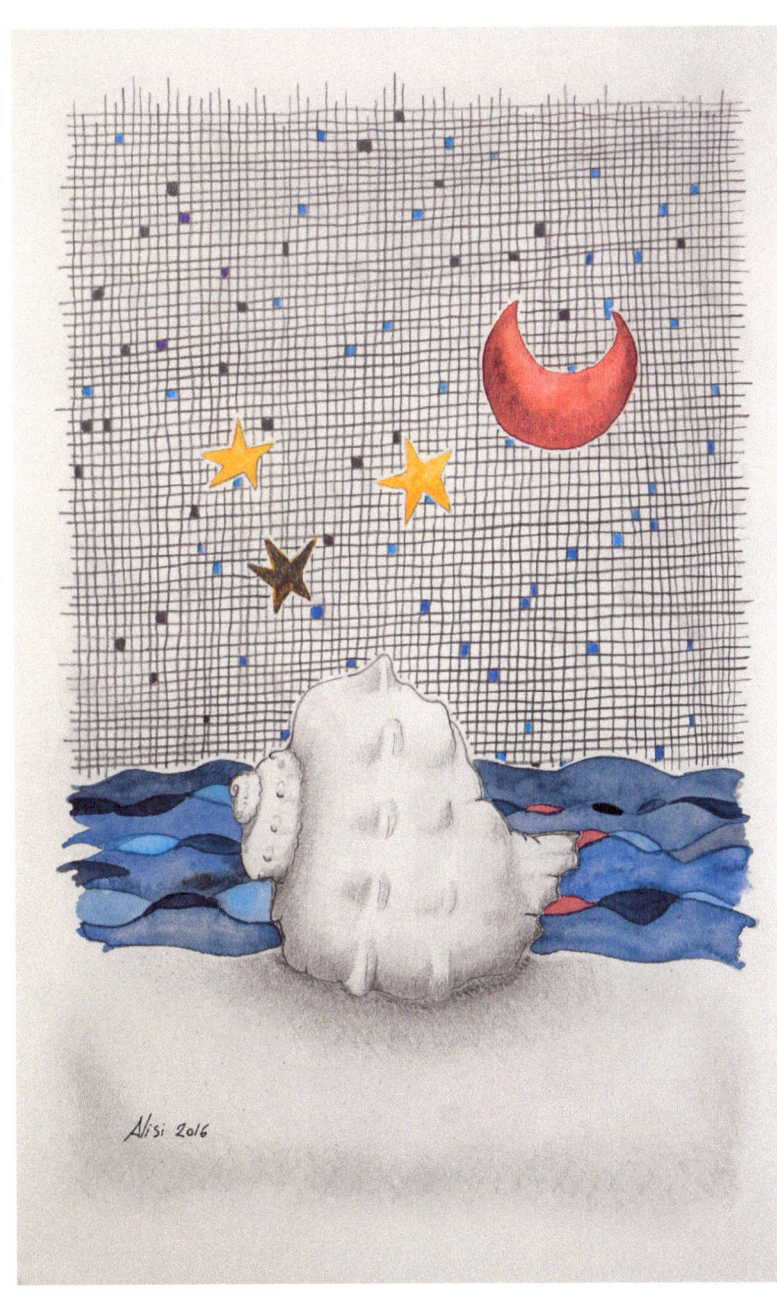

Luna rossa

2016
acquarello, matita
cm 28x45

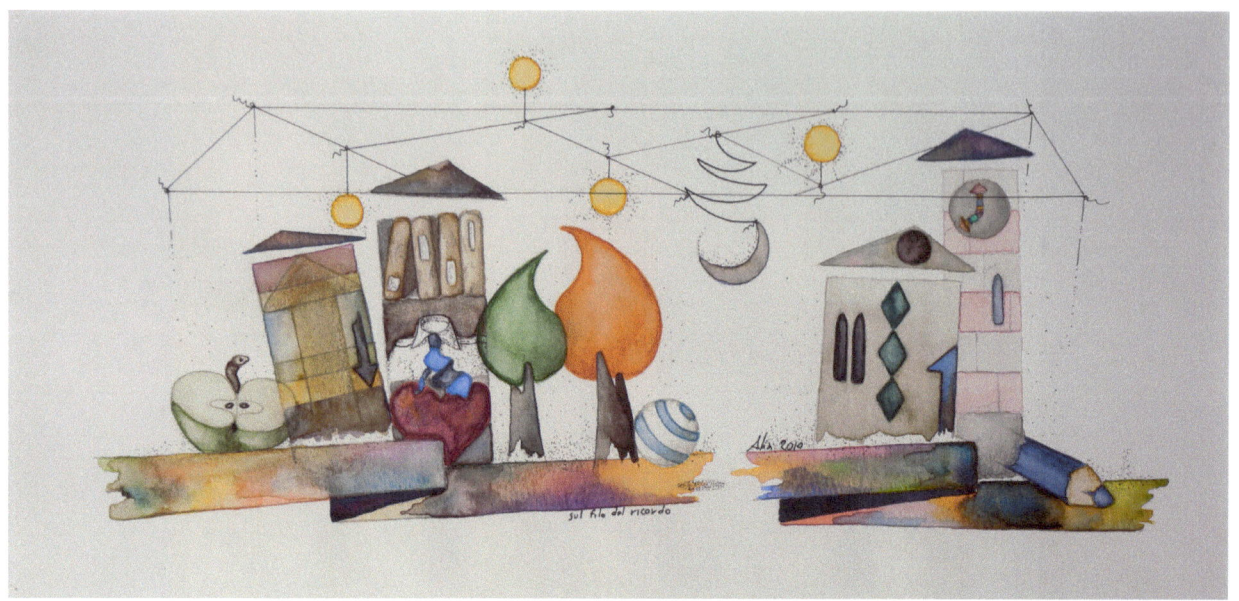

Sul filo del ricordo

2010 - acquarello, china, cm 59X25

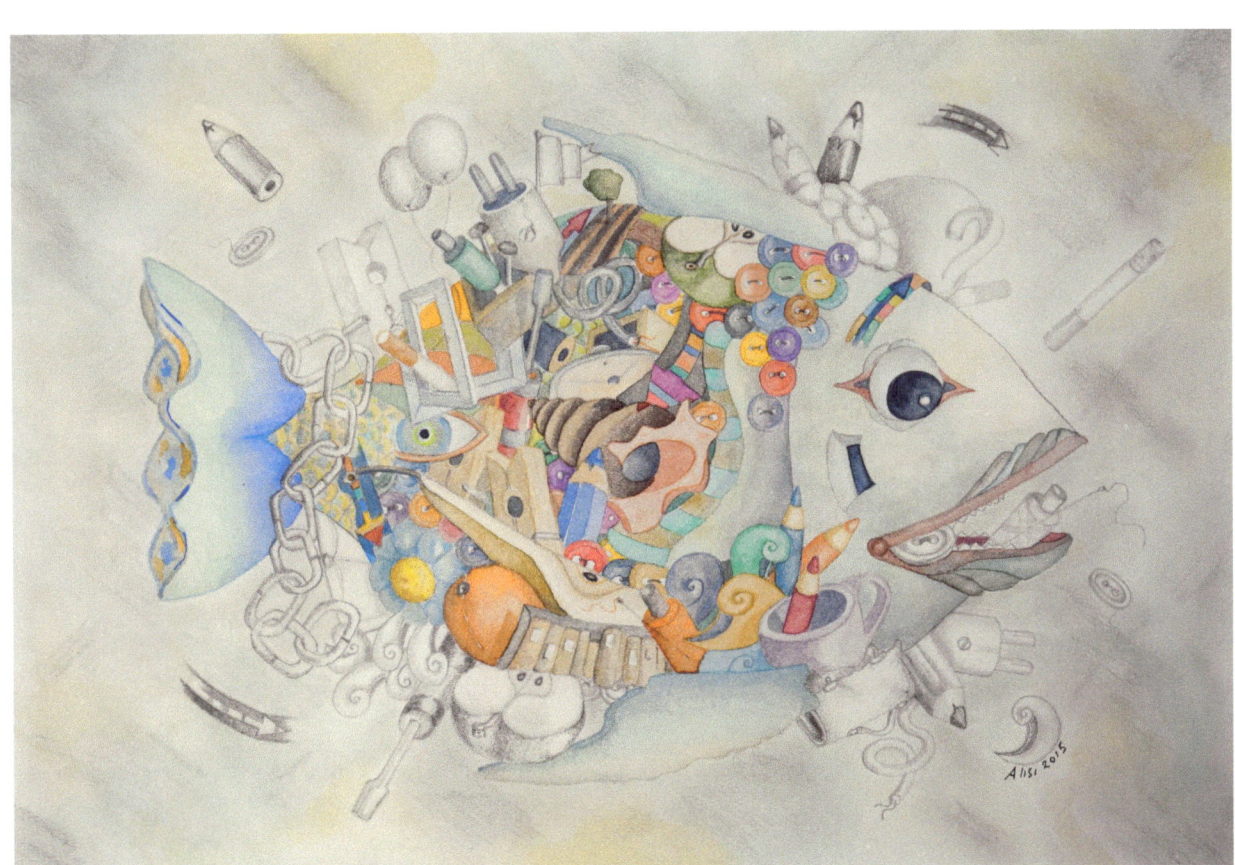

Pesce fuor d'acqua

2015 - acquarello, matita, cm 45x30

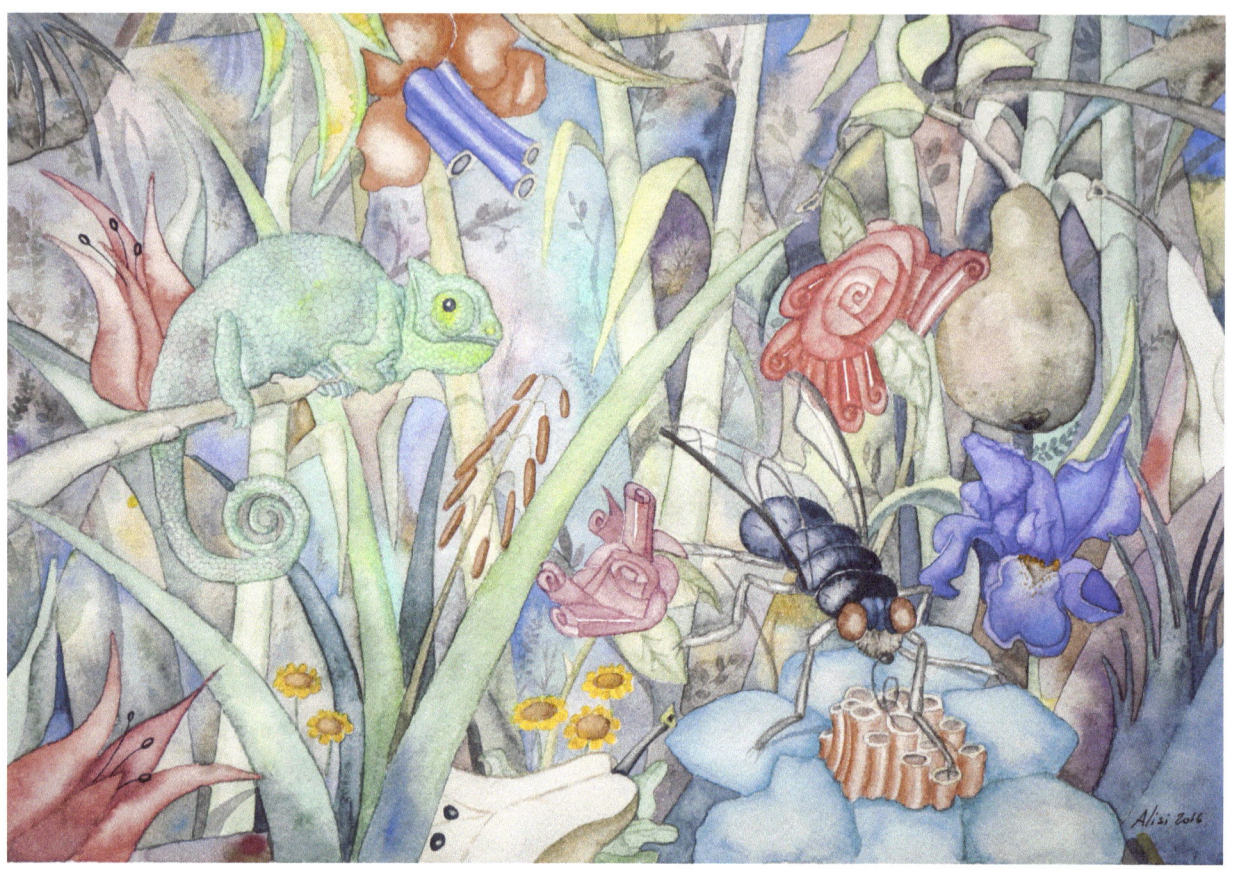

Mimesi

2016, acquarello, cm 45x30

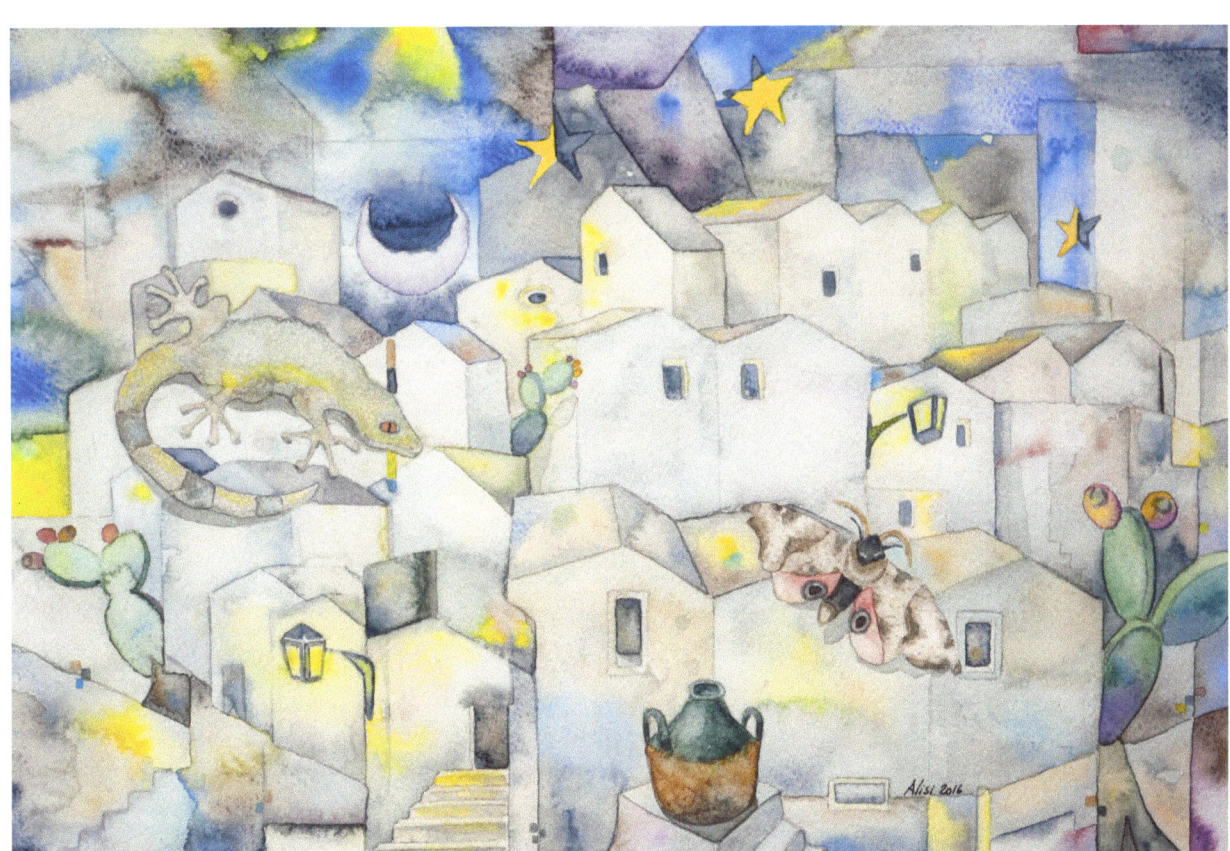

Metti una sera d'estate

2016 - acquarello, cm 45x30

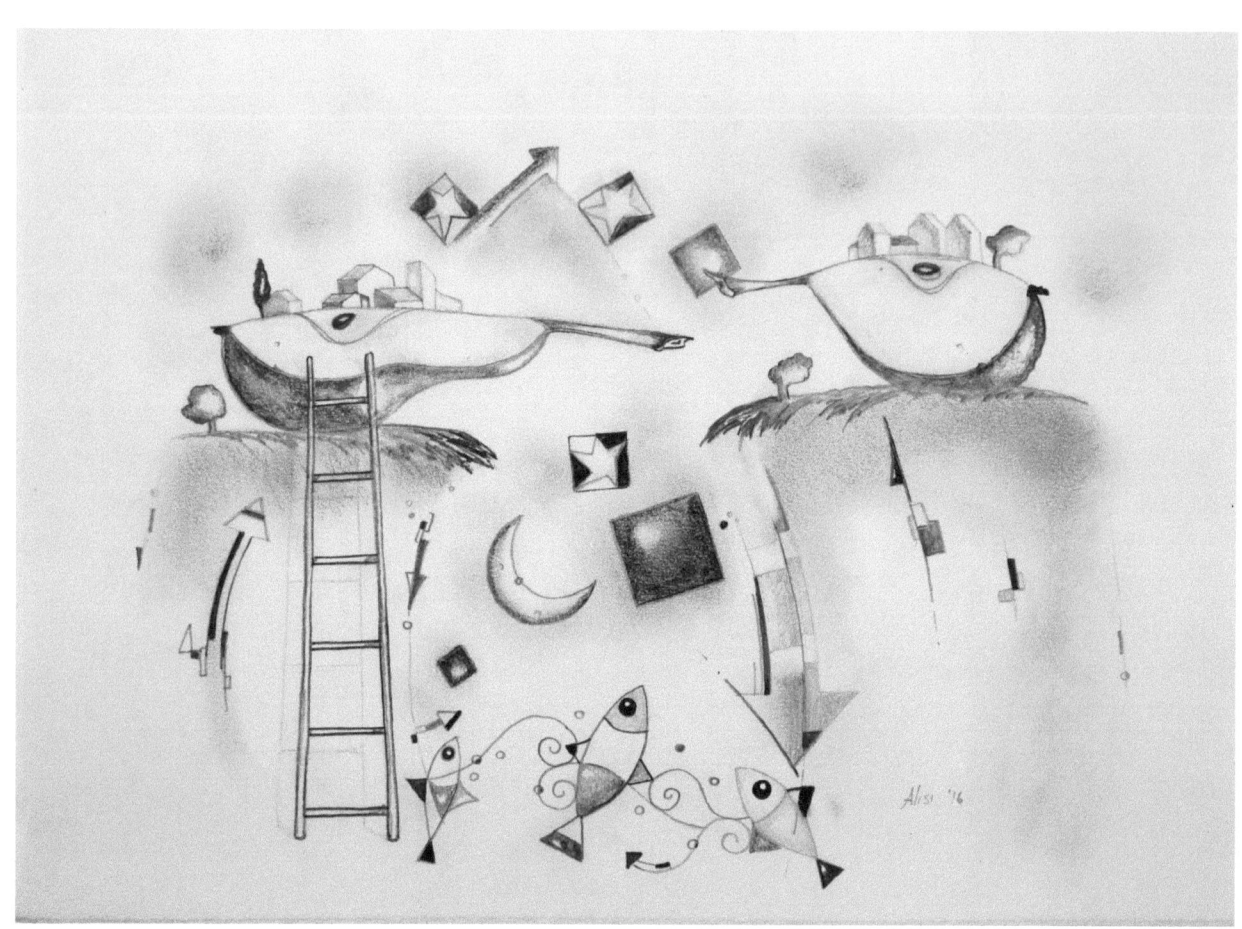

Bozzetto (1)

2016 - matita su carta, cm 25x37

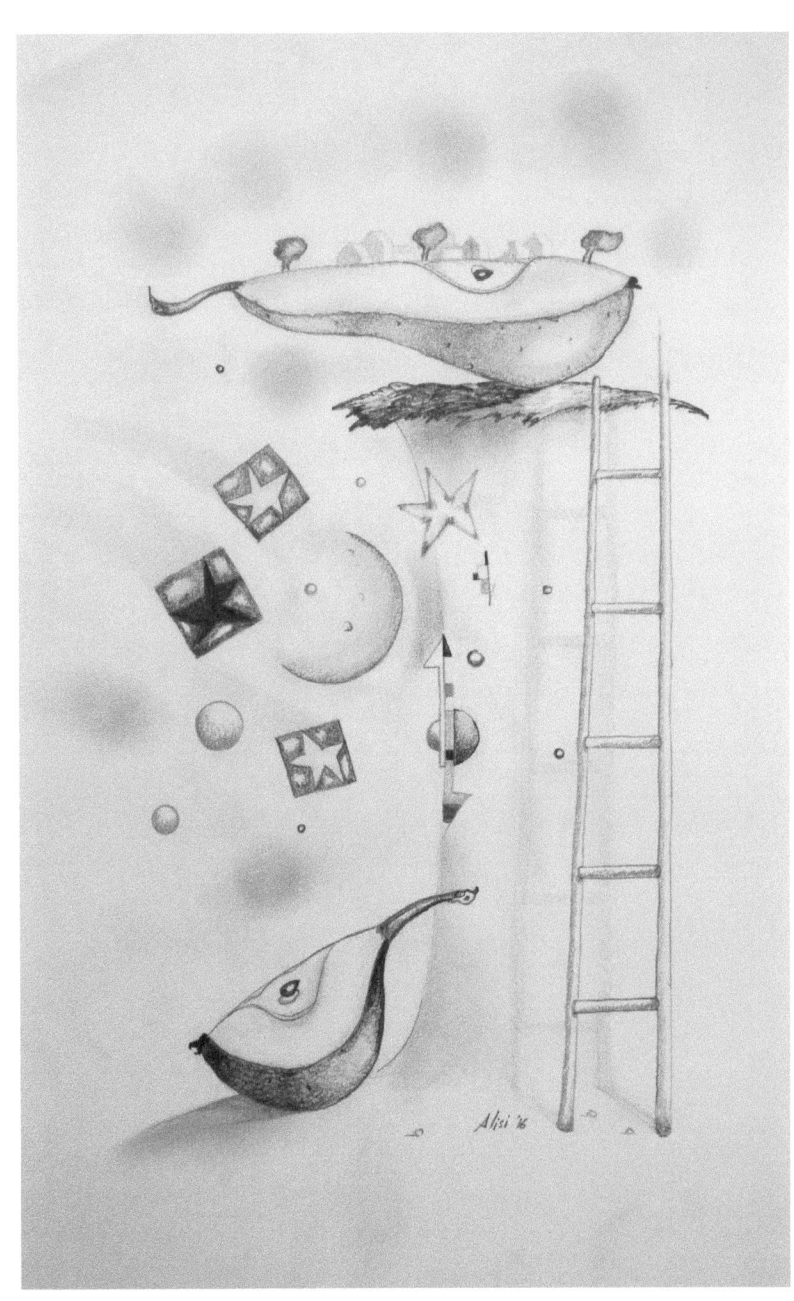

Bozzetto (2)

2016 - matita su carta, cm 37x25

Questo orientamento nelle cose della natura e della vita, questo complesso, ramificato assetto, mi sia permesso di paragonarlo alle radici di un albero. Di là affluiscono all'artista i succhi che ne penetrano la persona, l'occhio. L'artista si trova dunque nella condizione di tronco...

Paul Klee

nella pagina a fianco

Ritorno a casa

2018 - olio su tegola romana, cm 30x25x37

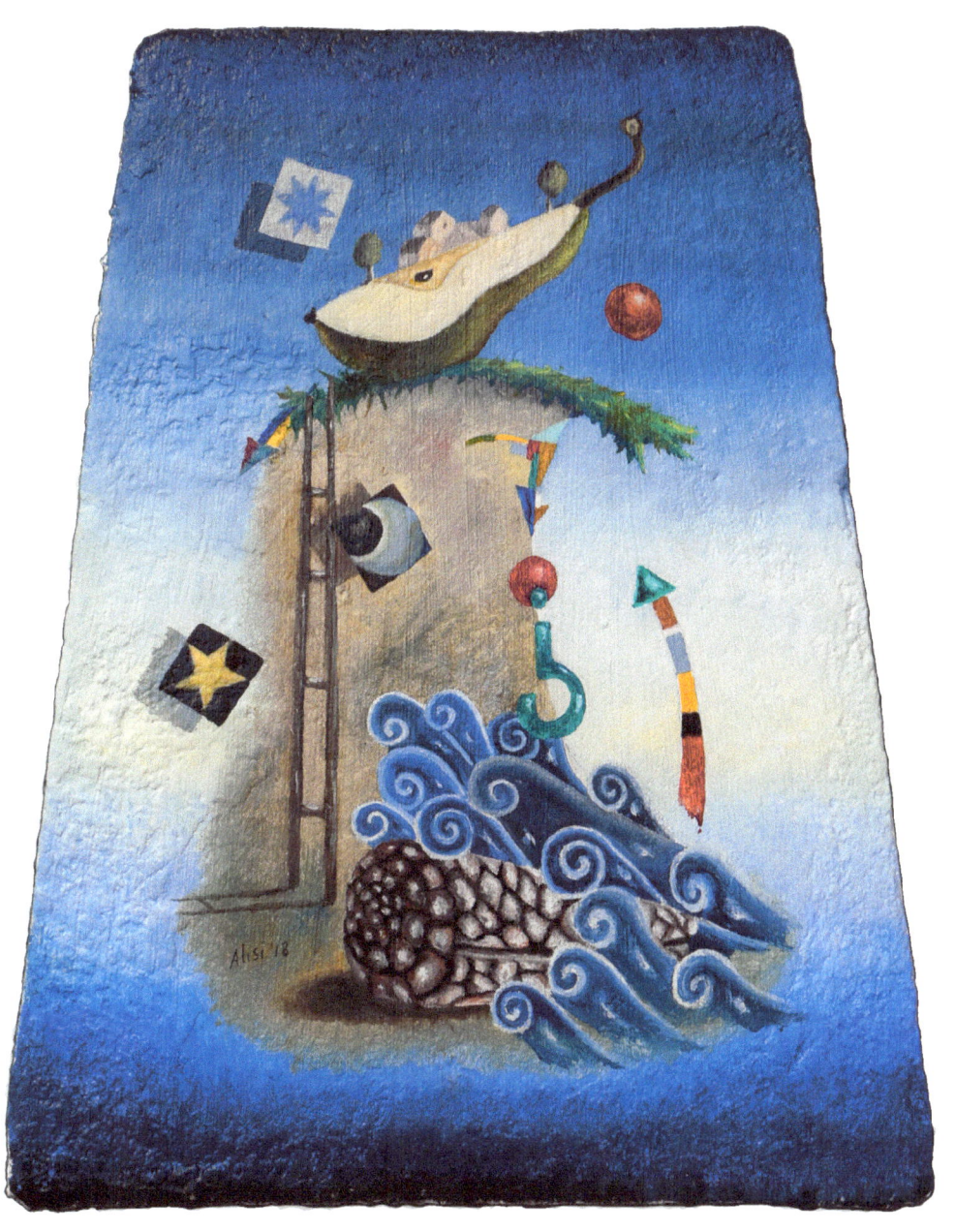

35

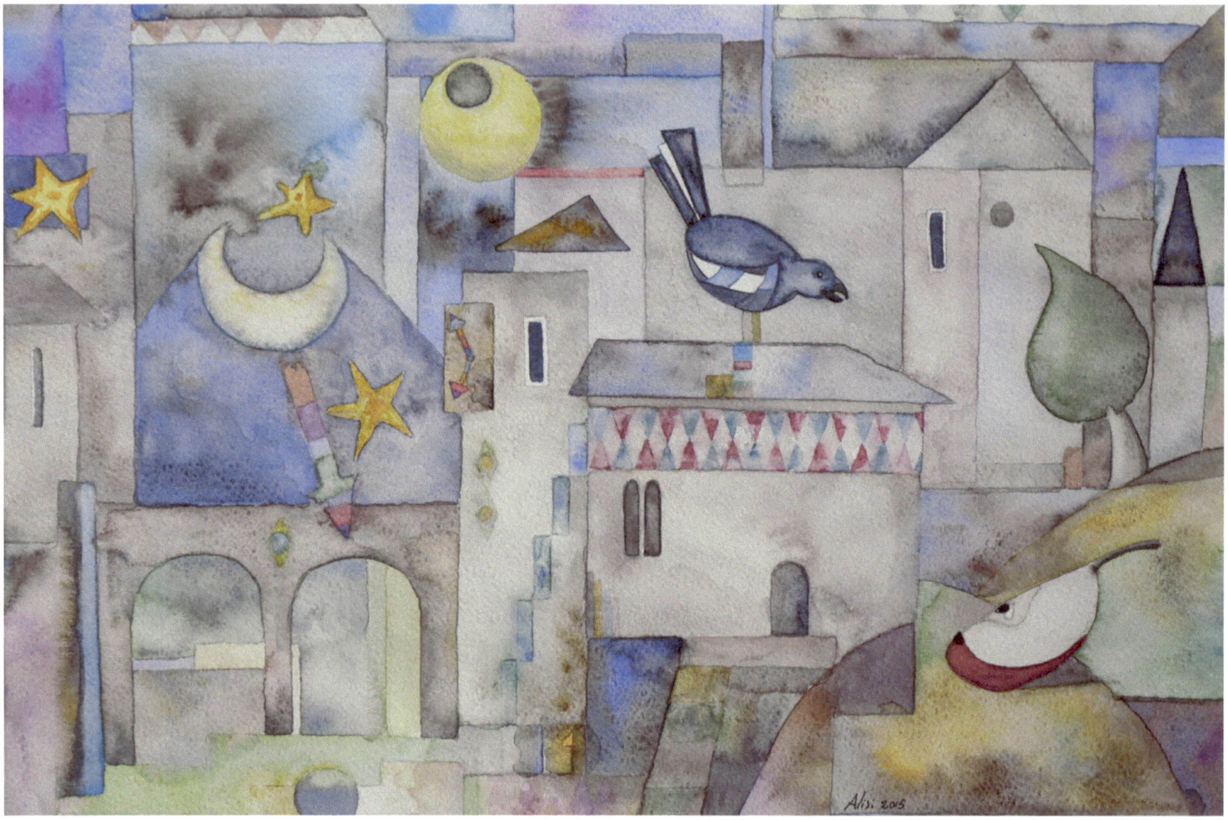

La sconfitta della storia

2015 - acquarello, cm 45x30

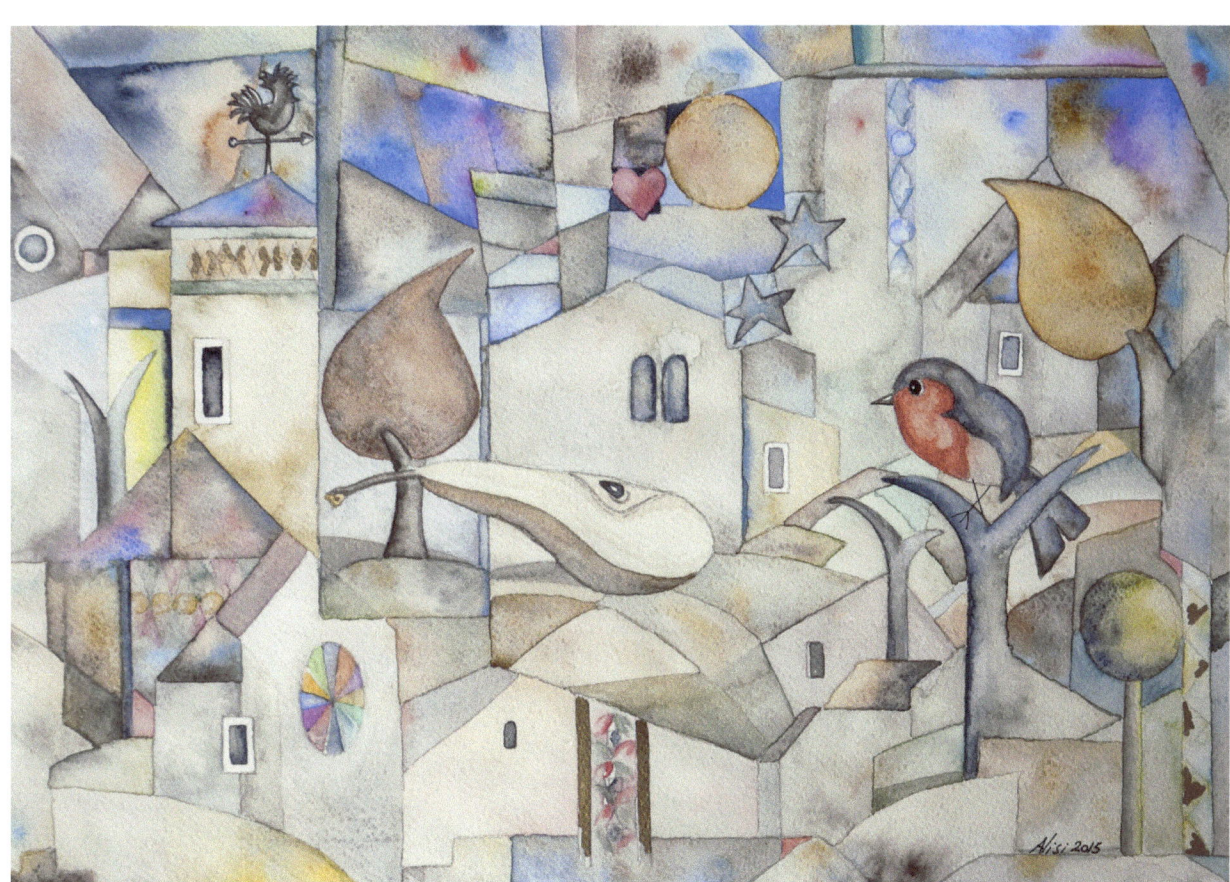

Pasto inaspettato

2015 - acquarello, cm 45x30

Natura impassibile

2015
acquarello
cm 30x45

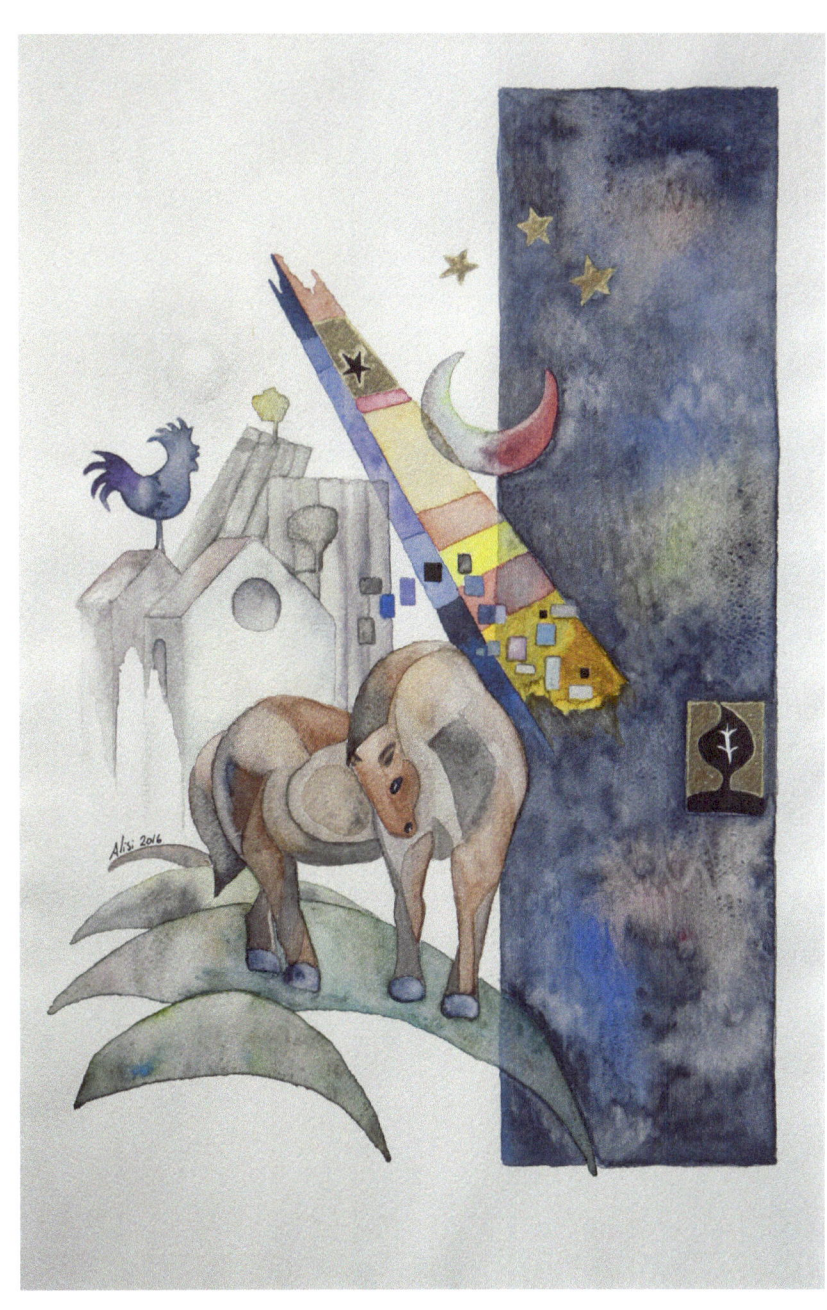

Impressioni di settembre

2016
acquarello
cm 30x45

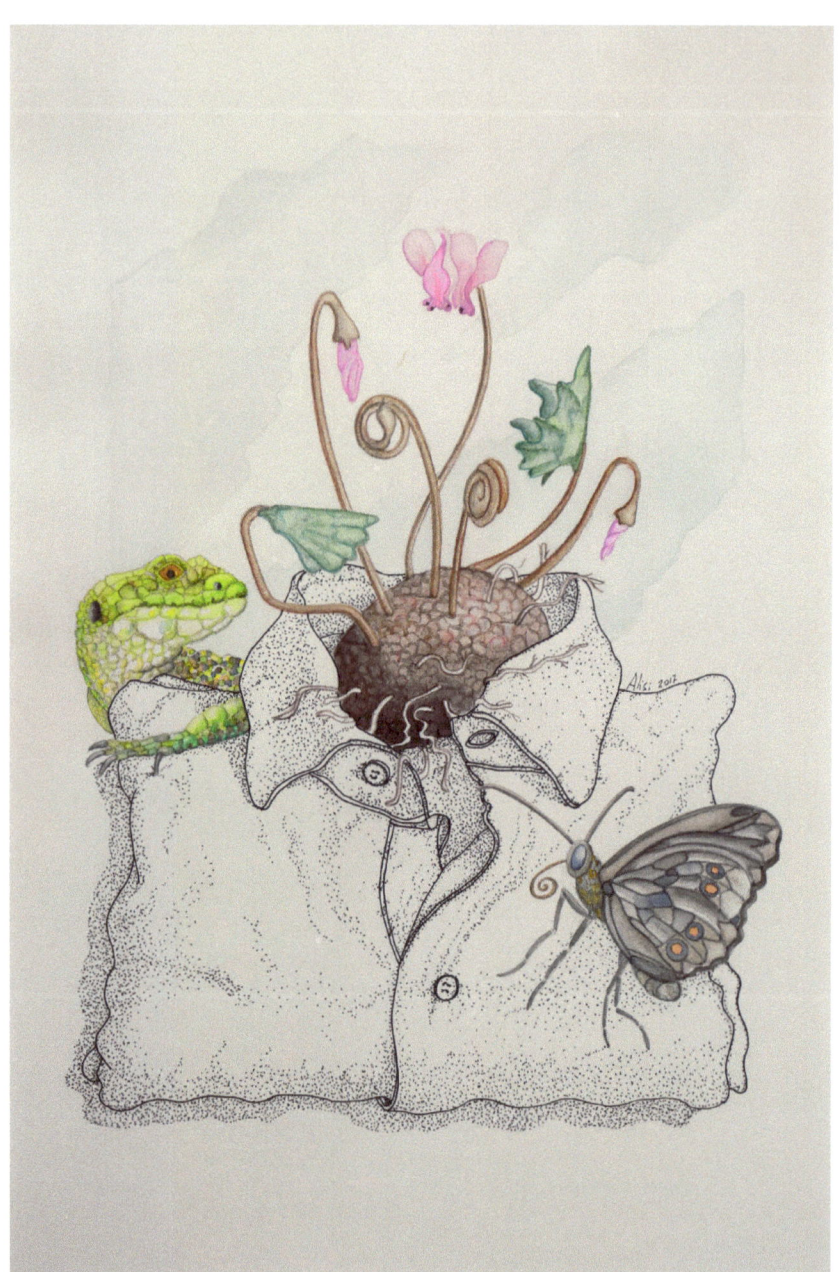

Quotidie

2017
acquarello e china
cm 30x45

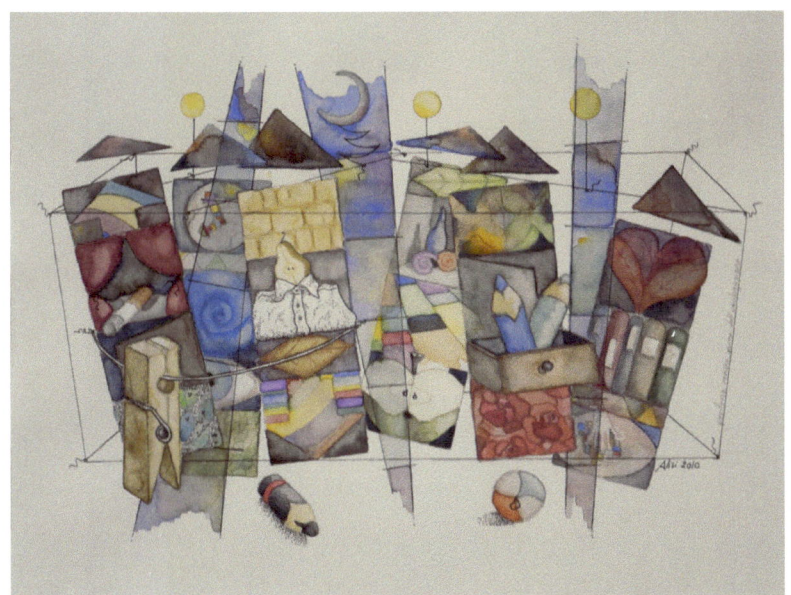

Periferia romana

2010
acquarello, matita
cm 30x40

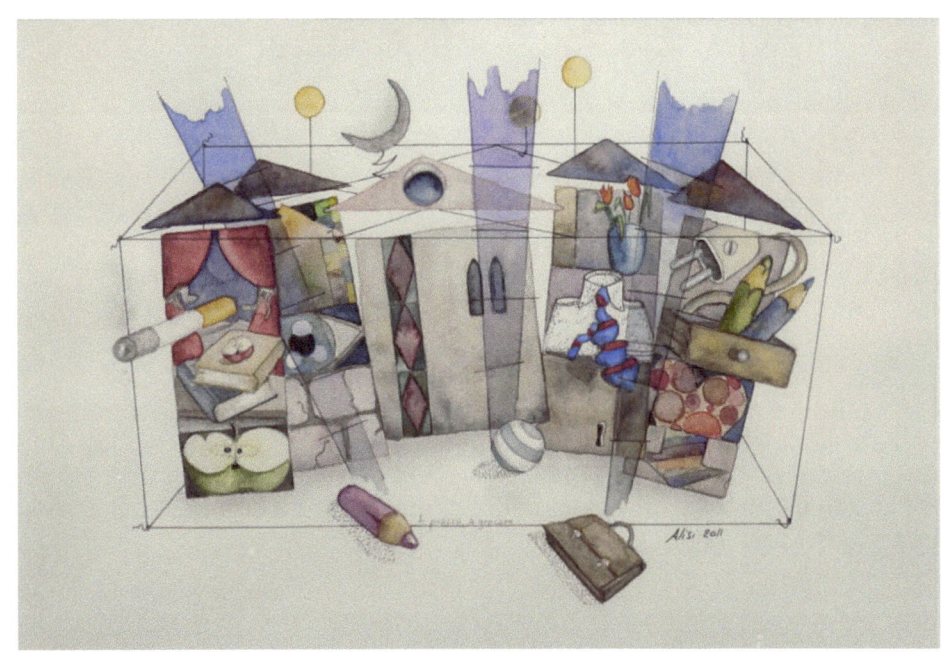

In piazza a giocare

2011
acquarello, matita
cm 30x45

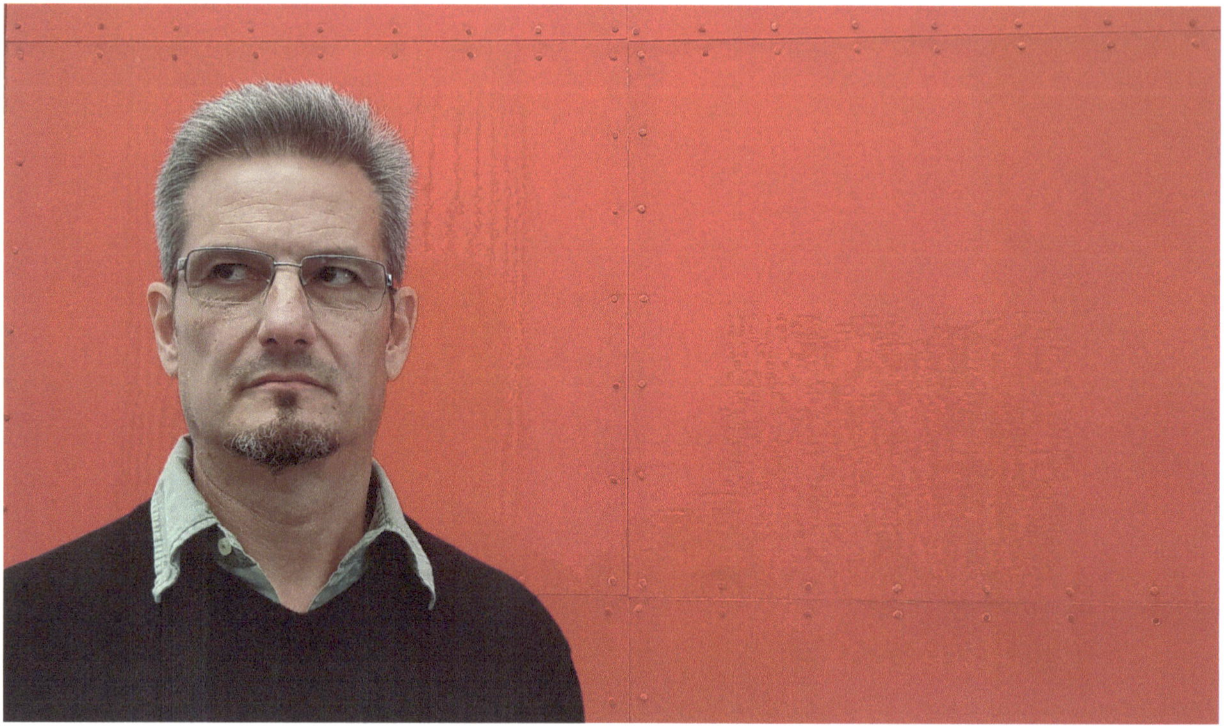

Stefano **Alisi**

Nato a Roma nel 1964, dopo gli studi classici si laurea in Filosofia, inizia a studiare pittura come autodidatta sperimentando varie tecniche tra cui acquerello, chine, pastelli e olio. Amante della natura e mai pago nel cercare di svelare il mistero del rapporto tra l'uomo e le "cose", gli abitanti delle sue opere s'intersecano con paesaggi e nature morte realizzati in una sintesi problematica ma ironica.

Mostre Personali

2018

iNcerto equilibrio
Studio Lab 138, Castel Gandolfo (Rm)

2016

Natura Impassibile,
Galleria Domus Romana, Roma.

2015

Natura Impassibile
Museo Civico di Albano Laziale (Rm);

Deviazioni inaspettate
Centro Arte Castelgandolfo (Rm);

2007

Stefano Alisi
Ass. Artistica "Il Girasole"; Frascati (Rm)

Mostre Collettive

2015

Generazioni a confronto
Rassegna d'Arte contemporanea
a cura di Giorgio Di Genova,
Palazzo Sforza Cesarini, Genzano di Roma (Rm).

Verticale Orizzontale
Antica Cartiera, Roma

Natale d'Arte a Nemi
Palazzo Ruspoli, Nemi (Rm)

ArtExpo Barcelona 2
Barcellona (Spagna).

2011

Chiostri in Mostra
Chiostro della cultura Stoà, Latina

2010

I Biennale Internazionale Città di Lecce, Lecce

Il Percorso dell'Arte
Ariccia (Rm).

2009

Il Percorso dell'Arte
Ariccia (Rm).

Chiostri in Mostra
Chiostro della cultura Stoà, Latina

Un filo di perle
Mostra diffusa
8>18 marzo 2018
Pavona di Castel Gandolfo e Albano Laziale (Rm)

Tutte insieme per Un filo di Perle
Mostra collettiva
22>25 marzo 2018
Studio Lab 138 Pavona di Castel Gandolfo (Rm)

9" Rosso
Mostra concorso
9>30 settembre 2018
Studio Lab 138 Pavona di Castel Gandolfo (Rm)

iNcerto equilibrio
Stefano Alisi
Mostra personale
21 ottobre >11 novembre 2018
Studio Lab 138 Pavona di Castel Gandolfo (Rm)

9" Rosso - Nemi
Mostra concorso
10>18 novembre 2018
Studio Lab 138 - outdoor, Palazzo Ruspoli, Nemi (Rm)

Juanni Wang
Mostra personale
18 novembre>18 dicembre 2018
Studio Lab 138 Pavona di Castel Gandolfo (Rm)

La caduta
Bahar Hamzehpour
Mostra personale
26 novembre>2 dicembre 2018
Studio Lab 138 - outdoor, Teatro Petrolini, Castel Gandolfo (Rm)